Elogios a *Se Deus É Amor, Não Seja Um Idiota*

"John afirma que é um 'cristão de longa data por aspiração (se não sempre de prática)' e seu livro demonstra como suas escolhas — suas práticas — correspondem a essa aspiração, repetidas vezes, mesmo quando ele está triste. Sua compaixão, humanidade, humildade e humor estão presentes em toda a parte. Sua franqueza é autêntica e sua inspiração é acessível e também desafiadora, no melhor sentido. Este é um livro para qualquer pessoa em uma jornada de fé ou de serviço, quer esses dois andem juntos ou não, como andam para John — ou para qualquer um que adore uma ótima leitura."

— Chelsea Clinton, autora e advogada

"Com clareza e franqueza, John nos lembra da compaixão no coração, do que significa ser um humano espiritual e oferece uma expressão amorosa de fé que é tão necessária no momento. *Se Deus É Amor, Não Seja Um Idiota* nos convoca a criar um mundo mais justo e igualitário — um que afirme a beleza em toda a humanidade — e nos deixa sentindo que está tudo em nossas mãos."

— Yvette Nicole Brown, atriz, escritora e ativista

CB006165

"John Pavlovitz é autêntico. Sua compaixão, empatia, sabedoria e coragem nos lembrarão do que Jesus realmente pregou. Este auto-descrito 'andarilho teológico' é um pastor, profeta, poeta e príncipe. John nos deu um livro de grande perspicácia e sagacidade. Ele os lembrará de como deveria ser o cristianismo. Mal posso esperar para dar um de presente."

— John Fugelsang, comediante, escritor e comentarista político

"John nos dá um roteiro para pegar as melhores partes de nossas crenças religiosas e encontrar um espaço para reconciliação, compaixão e bondade — não apenas para os outros, mas para nós mesmos. A voz ousada e inabalável de John nos encoraja a chegar a um entendimento e, juntos, nos levantarmos contra o fanatismo e o ódio."

— Amy Siskind, ativista e autora

"John Pavlovitz é um artesão das palavras. Ele é um poeta e um provocador. Tal qual o profeta Jeremias, ele tem um fogo 'encerrado nos seus ossos' que precisa ser liberado. Esse fogo é o amor. Mas o amor sobre o qual ele escreve não é o mesmo dos livros de histórias, contos de fadas e cartões comemorativos. É o amor duro e terrível de que Dostoiévski falou — o que levou Jesus a virar as mesas no templo, que matou profetas, que levou os defensores da liberdade à prisão e os mártires às fogueiras. O amor escrito por John é aquele que nos mantém acordados à noite porque ainda há pessoas nas ruas enquanto temos um quarto extra em nossas casas. É o amor que corta com a precisão de um bisturi de cirurgião porque, antes que possamos melhorar, temos que extirpar o câncer que nos adoeceu. Aproveite este livro e deixe-o mexer com você."

— Shane Claiborne, autor e cofundador do Red Letter Christians

SE DEUS É AMOR

NÃO SEJA UM IDIOTA

SE DEUS É AMOR

AMOR

NÃO SEJA UM

IDIOTA

Encontrando uma FÉ que nos torne SERES HUMANOS MELHORES

JOHN PAVLOVITZ

ALTA BOOKS
GRUPO EDITORIAL
Rio de Janeiro, 2023

Se Deus é Amor, Não Seja um Idiota

Copyright © 2023 da Starlin Alta Editora e Consultoria Eireli.

ISBN: 978-85-5081-745-3

Translated from original If God is Love, Don't Be a Jerk. Copyright © 2021 by John Pavlovitz. ISBN 978-0-664-26684-4. This translation is published and sold by permission of Westminster John Knox Press, the owner of all rights to publish and sell the same. PORTUGUESE language edition published by Starlin Alta Editora e Consultoria Eireli, Copyright © 2023 by Starlin Alta Editora e Consultoria Eireli.

Impresso no Brasil — 1ª Edição, 2023 — Edição revisada conforme o Acordo Ortográfico da Língua Portuguesa de 2009.

Dados Internacionais de Catalogação na Publicação (CIP) de acordo com ISBD

P338s   Pavlovitz, John

    Se Deus é amor, não seja um idiota: encontrando uma fé que nos torna seres humanos melhores / John Pavlovitz ; traduzido por Daniel Perissé. - Rio de Janeiro : Alta Books, 2023.
    240 p. ; 16cm x 23cm.

    Tradução de: If God is Love, Don't Be a Jerk
    Inclui índice.
    ISBN: 978-85-5081-745-3

    1. Vida cristã. 2. Conduta da vida. 3. Teologia. 4. Ensino bíblico. I. Perissé, Daniel. II. Título.

                         CDD 240
2022-3123   CDU 24

Elaborado por Odílio Hilario Moreira Junior - CRB-8/9949

Índice para catálogo sistemático:
1. Cristianismo: vida cristã 240
2. Cristianismo: vida cristã 24

Produção Editorial
Grupo Editorial Alta Books

Diretor Editorial
Anderson Vieira
anderson.vieira@altabooks.com.br

Editor
José Ruggeri
j.ruggeri@altabooks.com.br

Gerência Comercial
Claudio Lima
claudio@altabooks.com.br

Gerência Marketing
Andréa Guatiello
andrea@altabooks.com.br

Coordenação Comercial
Thiago Biaggi

Coordenação de Eventos
Viviane Paiva
comercial@altabooks.com.br

Coordenação ADM/Finc.
Solange Souza

Coordenação Logística
Waldir Rodrigues

Gestão de Pessoas
Jairo Araújo

Direitos Autorais
Raquel Porto
rights@altabooks.com.br

Assistente Editorial
Caroline David

Produtores Editoriais
Illysabelle Trajano
Maria de Lourdes Borges
Paulo Gomes
Thales Silva
Thiê Alves

Equipe Comercial
Adenir Gomes
Ana Carolina Marinho
Ana Claudia Lima
Daiana Costa
Everson Sete
Kaique Luiz
Luana Santos
Maira Conceição
Natasha Sales

Equipe Editorial
Ana Clara Tambasco
Andreza Moraes
Arthur Candreva
Beatriz de Assis
Beatriz Frohe

Betânia Santos
Brenda Rodrigues
Erick Brandão
Elton Manhães
Fernanda Teixeira
Gabriela Paiva
Henrique Waldez
Karolayne Alves
Kelry Oliveira
Lorrahn Candido
Luana Maura
Marcelli Ferreira
Mariana Portugal
Matheus Mello
Milena Soares
Patricia Silvestre
Viviane Corrêa
Yasmin Sayonara

Marketing Editorial
Amanda Mucci
Guilherme Nunes
Livia Carvalho
Pedro Guimarães
Thiago Brito

Atuaram na edição desta obra:

Revisão Gramatical
Smirna Cavalheiro
Fernanda Lutfi

Tradução
Daniel Perissé

Copidesque
Lívia Rodrigues

Diagramação
Lucia Quaresma

Capa
Paulo Gomes

Editora
afiliada à:

ASSOCIAÇÃO BRASILEIRA DE DIREITOS REPROGRÁFICOS

ASSOCIADO
Câmara Brasileira do Livro

ALTA BOOKS
GRUPO EDITORIAL

Rua Viúva Cláudio, 291 — Bairro Industrial do Jacaré
CEP: 20.970-031 — Rio de Janeiro (RJ)
Tels.: (21) 3278-8069 / 3278-8419
www.altabooks.com.br — altabooks@altabooks.com.br
Ouvidoria: ouvidoria@altabooks.com.br

Este livro é dedicado, com gratidão e carinho, a Jen, Noah e Selah.

Obrigado por me amarem tanto, mesmo quando sou um idiota.

SUMÁRIO

VOCÊ SÓ TINHA UM TRABALHO A FAZER

O amor é a maior força no universo. É o pulsar do cosmos moral. Aquele que ama é participante do ser de Deus.

— Rev. Dr. Martin Luther King Jr.

Se você quer rir, pesquise no Google a frase "You had one job (você só tinha um trabalho a fazer)". Os resultados são um desfile hilário e trágico de falhas que parecem impossíveis de ocorrer, planejamento incompreensivelmente ruim e erro humano indutor de facepalm: um pedaço de queijo derretido *em cima* de um pão de hambúrguer de fast-food, a palavra "PARE" escrita errada em um cruzamento, um sinal de "Mantenha-se à Direita" com a seta apontando para a esquerda, uma tampa de vaso inexplicavelmente instalada *abaixo* do próprio assento. Ver essas situações desastrosas na execução de tarefas tende a provocar duas respostas: geralmente, fazer você se sentir um pouco melhor consigo mesmo e, ao mesmo tempo, querer identificar os culpados em um esforço para entender como eles conseguiram negligenciar o dever principal atribuído a eles. Começamos a especular: eles estavam um pouco distraídos? Não compreenderam direito as instruções? Eles acharam que alguém acima na cadeia de comando vacilou? Eles foram simplesmente preguiçosos? Quando as pessoas erram de forma tão espetacular, queremos saber como e por quê — porque esse tipo de falha parece impossível, se vista de fora. Parece incompreensível errar o principal, e vê-lo acontecer desperta nossa curiosidade. Imagino que Jesus conhece bem a curiosidade de ver as pessoas que recebem uma direção clara e se perdem.

Como cristão de longa data por aspiração (se não sempre na prática), muitas vezes imagino um Jesus voltando, exasperado. Quando seus pés baterem no chão, as primeiras palavras a sair de sua boca, para seus seguidores, serão "Vocês só tinham um trabalho a fazer: *amar*.[1] Então, o que aconteceu?" Imagino a enorme onda de desculpas e racionalizações que viriam das bocas da multidão fiel à sua frente, como eles poderiam justificar seus maus tratos à humanidade acossada sob seus cuidados, a ginástica verbal e teológica que tentariam evitar por sua própria crueldade. Eles recitariam estridentemente um versículo do Levítico para ele? Culpariam a Mídia Liberal por corromper moralmente os EUA? Falariam sobre as escolhas perversas de estilo de vida das pessoas? Argumentariam que eles *estavam* amando os pecadores em seu âmago, mas simplesmente odiando seus pecados? Ofereceriam, em frenesi, os mesmos chavões e repetiriam os mesmos pontos de discussão partidários que se acostumaram a exibir nas mídias sociais e proferir nas aulas da escola dominical? E, se tudo isso não o convencesse, citariam Jesus para ele mesmo, em um esforço desesperado de passar a responsabilidade para ele pelo que fizeram ou deixaram de fazer enquanto, supostamente, agiam em seu nome? E ali, com visão plena do olhar penetrante do homônimo de sua própria tradição de fé, com todas as suas justificativas e desculpas esgotadas e apenas seus corações totalmente expostos — alguma de suas respostas seria motivo suficiente para se recusar a *amar*, uma vez que essa era a tarefa singular e o mandamento primário do qual os deixara responsáveis por cuidar?

Nos meus momentos menos compassivos, admito que gosto de imaginar isso não indo muito bem para eles. Eu sei que é pouco admirável (e nada cristão), mas às vezes meu coração estranhamente se aquece com a possibilidade de alguns bilhões de evangelistas que pregam o julgamento e a condenação eterna, sejam políticos conservadores hipócritas ou o cristão julgador com traves nos olhos,[2] todos tendo que se explicar em um momento santificado de sudorese do fracasso, que eles não podem interpretar ou disfarçar; e todos recebem o que lhes é devido — mas a minha folia hipócrita não dura muito. O espelho me chama enquanto me lembro do que acho que sei sobre Jesus e isso me resgata da arrogância total e inabalável. Começo a imaginar quais seriam as *minhas* desculpas, como eu tentaria esconder a inimizade que produzi aqui, que história eu inventaria por não fazer a única tarefa que nós dois conhecemos que é a descrição do trabalho de um discípulo. E, se eu realmente acreditasse no que deveria acreditar, alguma de minhas justificativas seria suficiente? Se Deus *é* amor, se Jesus é a expressão perfeita *desse* amor e se eu supostamente estou tentando seguir esse Jesus — como posso ter meu amor comprometido com tanta frequência? Como perco o ponto singular com tanta frequência?

Não é como se eu não soubesse para o que estava me inscrevendo, como um longo contrato de usuário online que aceitei cegamente e às pressas, sem ver as letras miúdas abaixo. Tendo lido o Evangelho milhões de vezes (cerca de algumas centenas de milhares), sei que o principal mandamento não é algo que eu precise escavar das camadas complicadas de traduções de línguas estrangeiras e costumes culturais da época. O próprio Jesus expôs claramente o mandamento mais importante para mim e para todos que já abriram uma Bíblia (e até mesmo para a maioria das pessoas que não o fez, mas conhece a história de qualquer maneira), a fim de que nós entendêssemos o que nos é pedido quando o aceitamos; então, não haveria remorso pós-chamada de altar nem reivindicações no leito de morte por ter sido enganado. Amar a *Deus*, ao *próximo* e *a si mesmo* é o tema básico das orações, hinos, camisetas e adesivos de carros dos cristãos — e nós sabemos disso. Mas, como o mestre Morpheus disse ao protegido Neo no primeiro (e, na verdade, único excepcional) filme de *Matrix*, "Há uma diferença entre conhecer o caminho e percorrê-lo".[3] O amor é o caminho que Jesus traçou para nós. Vou presumir que concordamos nisso e não perderemos tempo discutindo aqui. Este livro é sobre a *caminhada*: sobre imaginar como o amor deveria ou poderia ser se levássemos esse mandamento a sério; sobre o que quer que nos impeça e nos desvie ao longo do caminho. É sobre as maneiras pelas quais um Deus maior produzirá uma capacidade maior de amar mais pessoas e sobre o que esse aumento nos fará confrontar, confessar e rejeitar. Ao longo do caminho, alguns momentos serão bonitos, mas nem sempre agradáveis. Não é divertido enfrentar seus fracassos, e falo com vasta experiência.

Durante a minha vida, quase sempre imaginei que eu era um cristão. Cresci em um lar cristão e frequentei uma escola cristã. Depois de alguns anos sinuosos no deserto espiritual como um cético, porém um agnóstico esperançoso, frequentei um seminário cristão, tornei-me pastor cristão e servi em igrejas cristãs durante a maior parte dos últimos 25 anos de minha vida. (Não sou *cristão* o suficiente para você? Sem problema, eu tenho mais.) Ao longo desse processo, li, estudei e preguei as Escrituras extensivamente; conduzi estudos bíblicos comunitários, retiros de estudantes e viagens missionárias ao exterior; ministrei em pequenas capelas rurais e em enormes e reluzentes megaigrejas. Cruzei o país por quase cinco anos, compartilhando a Boa Nova como a entendo. Fiz todas as *coisas* religiosas que cristãos adequados deveriam fazer. Como resultado dessas décadas imerso nessa tradição, tanto pessoal quanto vocacionalmente, eu pensei que pelo menos tinha a essência de Jesus, que eu estava no campo abençoado.

SEGUINDO JESUS

FAZENDO O QUE JESUS DIZ

Agora, eu penso que talvez tenha feito isso errado durante todos esses anos. Talvez eu tenha assumido algo que não deveria, porque na maioria das vezes não sinto que me encaixo nos lugares que o povo de Jesus professo se reúne.

Sempre pensei que os cristãos deveriam se preocupar com as pessoas — não necessariamente concordar com elas, acreditar no que elas acreditam ou até gostar delas, mas vê-las como portadoras específicas e únicas da imagem do Divino e querer trabalhar para seu *shalom*: integridade, felicidade, paz, segurança, tranquilidade — independentemente de onde elas venham, no que acreditam ou a quem amam. Cresci acreditando que um dos marcos de uma vida que imitava Jesus era um coração maleável, capaz de se partir com a angústia de outros seres humanos: quando eles estão irritados e feridos, sem teto ou com medo, de luto e se sentindo sozinhos, quando acreditam que não são amados ou foram esquecidos, quando a tragédia os atinge e quando a injustiça os assola. Essas coisas devem provocar uma mudança dentro de nós se Jesus está tornando nossos corações mais ternos, ou pelo menos eu assim imaginava.

Mesmo em épocas de desafio e dúvida, quando eu não tinha certeza de que Jesus era quem eles diziam que era ou de que acreditava em algo sobre salvação e condenação, levei esse negócio de *amar o próximo* a sério. Naquelas obstinadas e recuadas épocas de rebelião, quando eu era o que os verdadeiros discípulos chamam de ovelha perdida, eu tinha a certeza de que a compaixão era inegociável para os seguidores de Jesus. Eu sempre soube que o amor sacrificial era o caminho estreito e o melhor caminho, que o cristianismo sem amor era um paradoxo — e que, se alguma vez eu reivindicasse a fé, seria melhor ser mais amoroso do que o contrário. Aposto que você também sabe disso e é por isso que não acredita que tantos cristãos professos negligenciem o único trabalho de amar as pessoas, e por que você é obrigado a fazer isso direito. Precisamos desses seres humanos andando por aí agora, mais do que nunca, considerando para onde estamos indo, pelo menos nos EUA.

Escrevo estas palavras nos últimos dias de um 2020 devastado pela COVID, marcado pelo racismo e desgastado pelas eleições, ano que parece determinado a apertar todos os desastres possíveis antes de partir com raiva para os anais da história, futuras contas de terapia e pesadelos recorrentes de todos que conseguiram sobreviver a isso. Aqui, neste atual turbilhão desorientador de isolamento prolongado, teorias da conspiração selvagens, alegações de fraude eleitoral (e outros desastres pessoais e naturais variados, numerosos demais para listar aqui), há uma grande quantidade de coisas que eu *não* sei. Não sei se passarei um segundo aniversário em quarentena. Não sei se meus filhos estudarão em casa até a faculdade. Não sei se algum dia conseguirei usar meu programa de milhagens. Não sei se, até o fim do ano, Donald Trump declarará Mar-a-Lago uma nação soberana e ele próprio seu legítimo rei.

Mas há *uma* coisa do futuro que eu sei agora, uma realidade vindoura que posso prever com segurança e 100% de certeza, e é que, independentemente de quem assume ou mantém a presidência, qual a composição do Congresso, ou se há uma maioria azul ou vermelha nos EUA, o cristianismo sem amor e sem Jesus nos deixará fragilizados de maneiras que nunca estivemos antes. Haverá danos colaterais nas relações de família, as comunidades religiosas serão desfeitas, amizades duradouras sofrerão danos irreparáveis, a injustiça prevalecerá — e a religião odiosa terá agravado tudo. Nenhum resultado político em 3 de novembro de 2020 mudará o que foi verdade no dia anterior, ou no dia em que escrevo estas palavras, ou no dia em que você as lê. O calendário e os políticos são imateriais. Essas lesões a que tendemos são muito maiores do que a política partidária ou os resultados das eleições nacionais, e também não serão relegadas a um único ano civil. Essas são aflições perenes.

Desde que os seres humanos declararam devoção a um Deus de amor, eles estiveram gloriosamente estragando tudo por serem odiosos no processo. A Bíblia não foge disso e nós também não devemos. Se prestarmos atenção, vemos que, por mais que a religião tenha dobrado o arco do universo moral em direção à justiça,[4] ela o tem puxado para a desigualdade com a mesma frequência. Para qualquer libertação que tenha vindo por intermédio do povo de Jesus, nós, enquanto coletivo, criamos a escravidão e fortalecemos a supremacia também. Admitir nos faz bem, se almejamos construir algo melhor a partir disso. É necessário ver as coisas feias nos lugares sombrios de nossa nação e em nossa tradição de fé, enquanto trabalhamos para deixar entrar um pouco de luz. Não vai ser fácil, tão organizado ou confortável quanto gostaríamos.

Consigo entender por que você pode não aceitar o convite que estou fazendo aqui. (Deus sabe literalmente que eu evitei isso durante a maior parte de minha vida.) É uma tarefa bastante simples e indolor identificar as pessoas que acreditamos que estão praticando a religião errada e condená-las. Geralmente, podemos fazê-lo com pouquíssimo esforço. E, embora isso seja um pouco menos agradável, podemos até estar dispostos a documentar as maneiras e os momentos em que respondemos mal às pessoas e às circunstâncias. É um esforço muito mais invasivo e disruptivo fazer uma pausa longa e cavar fundo o suficiente para considerar o que realmente acreditamos e como essa crença molda nossas atitudes e direciona nossos caminhos. Tal processo deixa uma marca. A maioria de nós não está buscando uma crise existencial — mas vamos nos dispor a ter uma: a admitir nossos questionamentos, inventariar nossas lutas e cuidar de nossos fardos. (Você provavelmente está tendo uma crise, quer reconheça ou não, caso contrário não estaria aqui.) E, uma vez que esteja, provavelmente está em alguma forma de desconstrução, reconstrução ou demolição direta de sua antiga fé. Você está nas dores do crescimento emocionais da espiritualidade adulta. Reexaminar toda a sua imagem de Deus será um pequeno hiato, algo que você não pode entorpecer com uma farra no streaming ou algumas horas sem sentido rolando a tela do seu feed de notícias. Quando a sua compreensão anterior de tudo o que você imagina põe a vida em movimento, mantém tudo junto e direciona seus movimentos a enfrentar perturbações, haverá consequências, custos e danos colaterais. Muitas pessoas não querem fazer esse trabalho invasivo e desconfortável e é por isso que ficam satisfeitas em permitir que outra pessoa lhes diga no que acreditar.

Fico feliz que, por qualquer motivo, você também não esteja satisfeito com isso. Nosso mundo, faminto de amor, também está feliz.

Capítulo 1

DEUS FORA DA CAIXA

"Oh, não — Estou preso nessas calças."

Esse foi o primeiro pensamento que tive, enquanto me movia loucamente dentro do meu closet. Provavelmente, soa tão ridículo para você agora quanto na minha cabeça naquele momento. A situação havia se deteriorado rapidamente. Apenas cinco minutos antes, eu estava remexendo tranquilamente nos limites externos do meu cabideiro, longe da seção do meio, onde as roupas inadequadas para humanos respeitáveis definham por anos na poeira e na escuridão, antes de finalmente serem despejadas em caixas de papelão ou sacos de lixo e condenadas a passar seus dias restantes no sótão ou na garagem. Enquanto uma série de decisões de moda, antes sensatas (e agora tragicamente cômicas), passavam por mim, parei de súbito quando, de repente, me encontrei cara a cara com uma amiga de 30 anos: um par de jeans femininos que comprei na Cherry Hill Mall, no sul de New Jersey, em 1988. (Nota do autor: eu tinha 20 anos de idade, uma juba longa e luxuosa de cabelos castanhos grossos e naturalmente encaracolados — e, como o cantor de "hair band" local, como era carinhosamente conhecido, não havia nada de incomum em fazer compras numa loja de roupas femininas.)

Enquanto olhava com reverência para a gloriosa relíquia lavada com ácido da minha enlouquecida juventude, de repente, uma voz em minha cabeça, muito parecida com a minha, disse, "sabe, aposto que ainda cabe". Tal qual a astuta serpente tentando Adão e Eva no paraíso, a voz me desafiou a ir adiante. "Vamos... experimente." Com 51 anos de idade, ainda me considero em boa forma, então respondi com otimismo ingênuo, "por que não?".

Estava prestes a ter uma resposta definitiva.

As coisas começaram de forma bastante promissora. Abaixei-me e agarrei o cós, entrei nos pequenos buracos das pernas que facilmente atravessaram meus tornozelos, mas, quando cheguei às minhas panturrilhas, percebi que estava com problemas, pois o progresso diminuiu substancialmente. Destemido, dobrei minha determinação e continuei (o que acabou sendo uma ideia realmente terrível). Logo estava me contorcendo de forma descontrolada e minha respiração ficou visivelmente difícil, enquanto eu tentava me forçar até o que, rapidamente, se tornou um par de tripas de salsicha humana azul-clara. Quando esses esforços provaram-se inúteis, comecei a pular violentamente como um participante estacionário de uma corrida de sacos, esperando que a contundente força da gravidade empurrasse minhas coxas pelo resto do caminho através do espaço fornecido, agora óbvia e lamentavelmente subdimensionado. Após quatro ou cinco suspiros desesperados, senti uma rajada de ar de repente, me selando a vácuo, e pousei no chão, misericordiosamente. Fiquei ali, com o peito arfando e a testa transpirando, como se tivesse acabado de completar um treinamento cardiorrespiratório de alta intensidade e, inicialmente, me sentindo satisfeito comigo mesmo — no entanto, qualquer satisfação foi apenas uma vitória momentânea, pois senti o cós elástico cavando fortemente a minha pele e minhas pernas começaram a perder rapidamente a sensibilidade, devido à falta de fluxo sanguíneo. Foi então que cheguei a três percepções preocupantes: (1) eu não tinha mais 20 anos, (2) eu ainda não tinha soltado todo o ar e (3) eu não sairia das calças sozinho.

Dizem que o primeiro passo para conseguir ajuda de qualquer tipo é admitir que você tem um problema. Eu poderia dizer, pela tensão substancial na qual minhas extremidades inferiores estavam, que se eu tentasse me sentar naquele momento certamente teria desencadeado uma explosão poderosa, enviando pedaços de elastano para todos os cantos do nosso closet. Em um bem-vindo momento de humildade sóbria, relutantemente, pedi socorro. Ouvindo meus resmungos distantes e abafados, minha mulher e meus filhos correram dos outros cômodos da casa, achando que, pelo desespero em minha voz, eu tinha sofrido uma queda feia ou um ataque cardíaco — e, em vez disso, foram recebidos por um homem adulto preso em suas próprias calças femininas. Depois de me ajudarem a me libertar, todos rimos às minhas custas e, quando voltei a sentir minhas pernas, coloquei as calças (que agora tinham voltado ao seu tamanho normal) de volta no cabide. Eu ainda não estava pronto para me despedir delas.

Se eu tivesse perecido naquele closet, a causa de minha morte seria *Lycracite não intencional causada por arrogância imprudente*. Seria um caso clássico de erro do usuário. Ninguém culparia as calças. Elas podem ter funcionado lá atrás, quando as comprei, mas certamente não foram desenhadas para me segurar 30 anos depois e com 10cm a mais de circunferência. Eu não deveria mais caber nelas e não deveria ter tentado. É assim que você se encontra em perigo no armário do seu quarto.

E sta tem sido minha jornada espiritual na última década e meia: tentar desesperadamente enfiar minha crença em um espaço no qual ela não era mais capaz de se encaixar, esperando que pura vontade, um pouco de negação e muito pensamento positivo me permitissem ficar em algo que eu havia superado há muito tempo, mas não conseguia admitir que ela não se encaixava mais. Há um hino que as pessoas da igreja cantam juntas há décadas: *Gimme that ol' time religion, it's good enough for me* [Me dê aquela religião das antigas, ela é boa o suficiente para mim, em tradução livre]. (Longe de ser uma forte declaração, a propósito.) Mas o que você faz quando a religião das antigas já *não é* boa o suficiente para você, quando *boa o suficiente* é muito menos do que você está procurando nos recessos mais profundos do seu coração? Se eu for honesto, quanto mais eu vivia minha vida adulta, quanto mais estava aberto a ser surpreendido, mudar minha mentalidade e a considerar melhor as histórias sobre questões espirituais, mais a religião organizada se tornou um exercício de rendimentos decrescentes: Deus ficando progressivamente maior, enquanto o espaço que criara para contê-lo se tornou cada vez mais restritivo e sufocante. Quando você se encontra nesse novo espaço limitado, o medo e a culpa podem ser esmagadores e isso pode fazê-lo congelar. Durante anos, como pastor da igreja local, permaneci onde estava (literal e figurativamente), fosse porque pensei que algo teria que mudar se eu orasse o suficiente, fosse porque talvez eu estivesse aterrorizado demais para enfrentar a realidade de que minha fé estava mudando — mas a pressão era profunda e constante. Algo que deveria ser estimulante, de repente, fez com que fosse difícil de respirar.

Você não precisa ser um pastor ou cristão para entender a claustrofobia espiritual, porque ela é consistente em qualquer crise existencial e é mais comum do que a maioria de nós admite ou percebe. Em minhas viagens online e pelo país, conheci milhares de pessoas igualmente *espremidas*: seres humanos que ainda anseiam apaixonadamente pela maravilha das buscas espirituais genuínas e pelos espaços transformadores da comunidade amorosa, mas que não estão encontrando essas coisas nas histórias, nos sistemas e nas estruturas religiosas de suas infâncias. Agora que estão envelhecendo, estão deixando de lado as teologias de segunda mão que herdaram, e que não são mais úteis, e procurando algo que se encaixe com eles hoje. Atualmente, os domingos são

UMA CAIXA RÍGIDA PARA DEUS

UMA FÉ RÍGIDA, CONGELADA

diferentes para eles, assim como a igreja e Deus, mas o anseio ainda está lá e a aflição ainda dá nó em suas entranhas. Eles podem estar perdendo sua antiga religião, mas não perderam a fome de encontrar espaços sagrados, enfrentar questões persistentes, viver em comunidades de justiça, ver realidades mais profundas do que o superficial ou participar de algo maior do que eles mesmos — e é aqui que começa a jornada para uma religião mais amorosa: aceitar suas questões, descartar velhas histórias, ser humilde o suficiente para começar de novo.

Quando as pessoas dizem "eu sou espiritual, mas não religioso", normalmente é uma forma de dizer "eu superei minha caixa de Deus e, atualmente, estou procurando por uma maior". Elas estão dizendo a você que saíram, voluntariamente ou despejadas, do lugar que elas chamavam de lar, a geografia de sua antiga fé. Elas são pródigos errantes por escolha ou necessidade. Talvez tenham descoberto uma diferença irreconciliável com uma posição teológica em sua tradição de fé, ou ficaram exaustas de obter silêncio da congregação frente à injustiça, ou simplesmente acordaram um dia e perceberam que não podiam rezar como costumavam — algo tinha que mudar. Eu acho que a maioria das pessoas de fé honesta, todos os peregrinos sinceros e muitos seres humanos introspectivos, que são esmagados pelos profundos mistérios desta vida (e o que quer que aconteça além de seu encerramento), estão procurando por um Deus maior e por uma expressão tangível de bondade que pareça ser proporcional a esse Deus. Todos queremos algo *inacreditável* para acreditar — algo que seja muito grande e capaz de nos surpreender, que esteja sempre um pouco fora de alcance e um pouco além de nossa capacidade de compreensão — e queremos algo que nos torne, e a todos à nossa volta, pessoas melhores. Se não for assim, provavelmente não vale o nosso tempo.

No momento em que alguém lhe diz que tem essa vida espiritual bem resolvida, é um sinal de alerta de que está mentindo para você ou para si. Este livro é para o resto de nós: os inquietos, os perturbados, os não convencidos e até mesmo os que se opõem de maneira desafiadora; é para as pessoas que querem mais amor do que encontraram na religião institucionalizada. Eu acho que, se estivéssemos praticando a fé da maneira certa, nós deveríamos ter alcançado nosso objetivo. Evoluir espiritualmente sempre dará às pessoas o desejo de renovar seu sistema atual de crenças, sempre as levando a superar suas atuais suposições sobre o mundo, e isso melhorará para sempre a sua capacidade de mudança. Essa expansão é necessária. Mas a religião estrita geralmente diminui tudo ao longo do tempo — até o dia em que tudo estoura.

Alguns meses atrás, recebi um e-mail desesperado de minha amiga Tiffany, em que dizia que ela precisava falar comigo o mais rápido possível. Isso não era normal, a urgência incomum de sua mensagem me levou a pegar o telefone. "Estou em queda livre", disse ela, quase imediatamente, e continuou com rapidez, sua voz falhando, "sinto que não tenho chão". Então, o silêncio, quebrado apenas por silenciosas fungadas. Eu conhecia bastante o passado de Tiffany: uma vida evangélica, cresceu na região batista do sul do Texas, ela sempre teve uma caixa de Deus organizada e claramente definida e um conjunto de Escrituras que ela usava como um rudimentar kit de primeiros socorros para si e para os outros. Na faculdade, ela conheceu Scott, um pastor estudantil local e — como uma boa e respeitável batista do sul — logo ela se tornou a esposa de um pastor batista do sul. Durante anos, tudo estava perfeito (ou, ao menos, funcionou para ela, dada a história que eles contaram a si mesmos), até que ela começou a ver rachaduras finas se formando no alicerce do que ela acreditava. As mensagens cada vez mais explosivas de seu pastor sênior sobre os males da "agenda gay" e o silêncio de sua igreja como resposta a uma nova onda de legislação da lei de banheiros começou a entrar em conflito com o público LGBTQ que ela conhecia e passou a amar. Como sempre acontece, à medida que crescemos e obtemos histórias melhores, a vida começa a bater de frente com a nossa teologia — e Tiffany estava no meio daquele desacordo cada vez mais acalorado com seu antigo eu. Nos últimos anos, ela gradualmente cortou muitas das amarras de sua narrativa religiosa anterior, que a princípio parecia libertadora; isso é, até que seu casamento começou a dar errado e sua filha mais nova ficou muito doente. No passado, durante as crises emocionais, financeiras e no relacionamento, ela foi para os locais familiares de refúgio religioso — e eles não estavam mais dando certo.

Tiffany disse, "antes, quando as coisas iam mal, a minha história de fé (muito específica) era onde eu podia me apoiar. Minha imagem de Deus, meus versículos bíblicos favoritos, as orações-padrão, o retorno uniforme e minha família da igreja eram todos reconfortantes". Sua voz ficou mais desesperada quando os soluços a interromperam. "Agora que eu não tenho mais isso tudo — a que devo recorrer? Às pessoas? A mim? Aos remédios? Não sei mais no que me apoiar! Eu apenas sinto que estou à deriva."

Tiffany sentia a dor crescente de uma espiritualidade em expansão, de superar a caixa. Ela abandonou a doutrina religiosa restritiva de sua infância e início de vida adulta e descobriu que o minúsculo recipiente teológico não era mais o suficientemente gran-

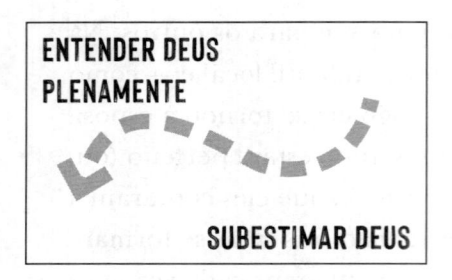

ENTENDER DEUS PLENAMENTE

SUBESTIMAR DEUS

de para suas crenças; mas, em um momento de trauma, ela lutou para encontrar um substituto adequado. Ela estava e está vivendo com uma nova desorientação — uma com a qual provavelmente deveríamos nos acostumar.

Se encontrarmos um Deus maior, um que nos torne mais amorosos, temos que admitir e encarar duas realidades fundamentais. A primeira é que a *religião pequena é um problema*. Ela é a culpada da asfixia e a fonte de nossa frustração, porque tende a prosperar na separação e gera exclusão. Todos já vimos e experimentamos a religião pequena, então pode ser a mais fácil das duas verdades a se considerar. A segunda, e muito mais desafiadora, realidade é que *toda religião é uma religião pequena*: a sua, a minha, aquela das pessoas que você admira e daquelas que você não suporta, as das tradições que você mantém e as que você rejeitou há muito tempo. Um Deus que nossos cérebros e estruturas podem suportar totalmente não é grande o suficiente para ser verdadeiramente Deus. No momento em que imaginamos uma caixa rígida de tamanho adequado, capaz de conter *o quem, o quê, o como* e *o porquê* de tudo o que é, já foi ou pode ser, é quando encolhemos todas as respostas às perguntas elementares em algo que não é mais do tamanho de Deus. Se pudermos entendê-lO completamente, Ele deixa de ser digno de nossa reverência.

Ao escrever para a sua igreja, há 2 mil anos, e para aqueles que o seguiriam em sua jornada, o apóstolo Paulo redige uma oração para que nós, como pessoas de fé, possamos "compreender a largura, o comprimento, a altura e a profundidade do amor de Cristo e conhecer este amor que excede todo conhecimento — para que sejas cheio de toda a plenitude de Deus".[1] Parece tanto uma bela aspiração quanto uma tarefa impossível. Se não há mais mistério em nosso sistema de crenças, precisamos nos mudar para um espaço que o acomode. Não importa o quão fervorosamente tenhamos orado ou pesquisado, o quão diligentemente tenhamos estudado ou quão seguros de nós mesmos estejamos atualmente — estamos errados parcial ou substancialmente. Qualquer que seja a composição de Deus, não temos capacidade de capturá-lo por completo nas mentes com as quais estamos equipados. Nenhuma tradição religiosa, denominação específica e, certamente, nenhum ser humano pode se ajustar a ele. São apenas as velhas calças apertadas que não conseguem reter o usuário pretendido. Não é fácil para bons religiosos admitirem, especialmente quando a maioria de nós foi criada com a *certeza* como virtude e a *dúvida* como pecado mortal. Fomos condicionados a não somente acreditar, mas a fazê-lo sem hesitação, reserva ou alteração — mas isso nunca foi realmente o plano ou a expectativa. Jesus esteve cercado de pessoas que não conseguiam banir a descrença mesmo com ele perto o suficiente para tocá-lo; são pessoas que tiveram dificuldade em amar bem os outros, mesmo com um exemplo tangível diante delas. Talvez devêssemos nos permitir um tempo por relutar, tendo 2 mil anos entre nós.

Minha tradição religiosa formativa foi o cristianismo, e você ouvirá muitas referências a Jesus e histórias da Bíblia aqui, mas não se trata de combinarmos teologicamente; se trata de nos esforçarmos para alcançar um lugar mais expansivo e compassivo do que começamos — afinal, o objetivo foi sempre esse. O Novo Testamento registra Jesus ensinando às pessoas sobre a necessidade de colocar seu ensinamento sobre "vinho novo" em "odres novos", não os velhos frágeis e rígidos odres com os quais estavam acostumados.[2] Ele estava pedindo às pessoas que tivessem mentes e imaginação flexíveis o suficiente para considerarem um Deus além daquele em que acreditavam atualmente ou dos sistemas que herdaram — e para se estender a pessoas com quem nunca se envolveram amorosamente antes. A maior parte dessa plateia inicial era um grupo de crentes judeus devotos e oprimidos que aguardavam, com paciência e por centenas de anos, pelo que esperavam ser um guerreiro conquistador para libertá-los, à força, de gerações de servidão e opressão. Ao pedir-lhes que abracem um pobre pregador de rua itinerante, que lhes pediu para serem "servos de todos", Jesus os convidava a uma heresia desapontante, chocante — porém necessária. Seu movimento revolucionário de amor sacrificial muitas vezes o envolvia, estabelecendo um contraste entre a história antiga de pessoas religiosas e uma melhor, que ele estava escrevendo para eles: "Você já ouviu dizer... mas vou te contar..."[3] O gentil desafio de Jesus sempre atraiu aqueles de nós que estavam dispostos a dar ouvidos ao desconforto que vem com a expansão de nossa compreensão de quão grande é o amor do qual estamos falando aqui, e quais as implicações em nós: a forma como vivemos e nos movemos pelo mundo, o tipo de bondade audaciosa que estamos sendo solicitados a praticar.

A princípio, todo esse repensar religioso parece uma traição, uma rebelião espiritual, e muitas vezes resistimos para ficarmos no conforto da segurança e livres de culpa, mas há algo restaurador fora do lugar onde começamos. Todas as nossas tradições de fé iniciais são válidas e significativas. Elas podem nos dar uma linguagem de trabalho com a qual falar sobre os mistérios desta vida. Mas quem e o que quer que Deus seja, ele não as *exige*. A religião não é necessariamente ruim, corrupta ou inútil (com frequência, muito pelo contrário), mas sempre é subdimensionada para a tarefa em mãos. A religião faz o melhor para nos dar palavras que descrevam algo para o qual elas não estão equipadas. Jesus não pediu às pessoas para se inscreverem em uma religião, porém as convidou para um modo de ser no mundo individual e coletivo, um modo de ser que está enraizado em um amor propulsor pela humanidade. Passei a sentir muita pena das pessoas cuja religião parece estabelecida e acabada, aquelas que sistematizaram e encolheram tanto sua espiritualidade que não mais questionam, nem sonham ou imaginam.

Você nasceu sem uma caixa para Deus. Você provavelmente sabe disso, mesmo que tenha esquecido: você conheceu Deus antes de ter um recipiente religioso. Você experimentou beleza e maravilha sem precisar de uma igreja, um versículo bíblico ou um pastor para lhe explicar, e não precisa disso agora. Não estou dizendo para você abandonar, necessariamente, sua fé tradicional, ou que esta é pouco saudável para você — mas *estou* lhe dizendo que a sua tradição de fé é incompleta, em última análise, e que não pode abrigar sozinha o que quer que nos mantenha todos juntos. Admitir que isso não é um motim teológico é encontrar a humildade necessária para abraçar algo maior do que sua caixa preferida. Sua própria evolução atesta a inevitabilidade de superar seu antigo eu. Você provavelmente não acredita no que acreditava há vinte, dez ou mesmo cinco anos. (Pelo menos, espero que não.) Você provavelmente chegou a uma compreensão, de fundamental diferença, sobre coisas como a mudança climática, a imigração, o casamento entre pessoas do mesmo sexo ou a pena de morte, à medida que desenvolveu novos relacionamentos; isso ocorre ao acumular mais experiências de vida e ser educado pela exposição a novas ideias. Espero que você tenha passado por algum tipo de transformação de perspectiva, porque, caso contrário, isso provavelmente significa que você não aprendeu nada de novo nesse período. A espiritualidade deve ser um desdobramento contínuo. Novas informações sempre alterarão nossa visão de mundo, desafiarão nossas crenças, nos deslocarão de uma antiga posição profundamente arraigada — e nos surpreenderão ao vir sem a embalagem antiga.

Recentemente, fiz um retiro de escrita de três dias em uma praia aqui na Carolina do Norte. O oceano é medicinal para mim. Ele ajuda a silenciar os barulhos que vivem normalmente em minha cabeça, todo o turbilhão de preocupações, medos, obrigações e más notícias. Como sempre, esperei o fim do dia para descer até a costa, quando o sol começou a se pôr e a maioria das pessoas foi para suas casas e seus quartos de hotel após um longo e exaustivo dia de absorção de raios UV. Esse momento, geralmente, me permite ter muito da praia para mim e, para um introvertido de nível elevado, que passa muito tempo na frente de multidões, a distância é, muitas vezes, bem-vinda. Atravessei as dunas com uma mochila e uma cadeira de lona no ombro, esperando ver uma vasta extensão aberta de areia e água; em vez disso, fui saudado por um grupo de quarenta ou cinquenta pessoas estendidas em uma linha das dunas até a costa. A curiosidade imediatamente me levou até elas, e logo pude ver que todas estavam olhando para um único ponto aos seus pés. Percebi o que era: quase literalmente tropecei em uma iminente incubação de tartarugas marinhas. Alguns segundos depois, encontrei meu lugar na fila de recepção improvisada e me ajoelhei na areia, ombro a ombro com estranhos, minha cabeça a poucos centímetros da trincheira estreita que os voluntários haviam escavado recentemente — e esperei.

Por duas horas, não houve um movimento discernível, até que de repente houve uma mudança infinitesimal nos grãos na superfície, depois outra e outra. E, quase imediatamente, dezenas de pequenas formas negras iluminadas apenas pela lua romperam a areia e fizeram sua primeira e desajeitada jornada ao oceano implacável e agitado, enquanto cinquenta estranhos as incentivavam em silêncio. Houve lágrimas, abraços, cumprimentos e aplausos em toda parte. Não consegui escrever muito. Não consegui um tempo sozinho. Não fiz nenhum progresso neste livro. Não consegui a noite solitária que planejei. Eu consegui algo melhor.

Religiosos falam com frequência sobre as *coisas pequenas,* esses raros momentos em que o muro entre a humanidade e o divino se torna uma casca de cebola, através do qual podemos ver algo. Neste momento, aquele pequeno caminho de areia, água e luz da lua transparecia o sagrado. Foi um momento sagrado, um clarão súbito no meio das nuvens.

DEPENDER MENOS DE UM ESTABELECIMENTO

UM SANTUÁRIO EXPANDIDO

Sem um hino, oração, banco de igreja ou ministro, Deus se fez presente e próximo. Foi uma *experiência religiosa* no maior sentido das palavras. Não podia ser quantificado ou contido, e a esmagadora paz do momento não pode ser descrita com a precisão que eu gostaria. Aquilo foi Deus fora da caixa. Foi a divindade cavando-se para fora da areia. Era uma bela evolução, sair da casca. Você sabe como é isso — uma admiração que escapa à descrição ou à explicação —, não sabe?

Quando vivemos momentos que identificamos como espirituais, milagrosos ou transcendentais, eles raramente estão ligados à religião organizada ou a um único edifício, e raramente são confinados a um culto na igreja ou estudo bíblico. Não há porta pela qual precisemos passar, um limiar que precisemos atravessar para encontrar coisas de tirar o fôlego ou causar arrepios. Apesar de nossa visão de mundo religiosa, ou de nossa teologia praticada, todos podemos reconhecer o tipo de sacralidade das experiências díspares desta vida: estar no meio da multidão, cantando junto de uma banda que amamos; ou caminhar sozinho por uma passagem de montanha iluminada pelo sol; ou saborear uma comida tão deliciosa que gera um som involuntário de adoração gastronômica de algum lugar dentro de nós. Sabemos em primeira mão, por meio da arte, da música, do amor, do sexo, da natureza e dos relacionamentos, que há uma "coisa" além da coisa, que esta vida não é apenas o que podemos ver, sentir e saborear. Quanto menos dependermos de um edifício para replicar, por uma hora, no domingo, o encontro transcendental que temos enquanto vivemos essa vida, mais capazes seremos de entender o mundo como sagrado, de abraçar a verdade de que o lugar onde estamos é sempre o solo sagrado — é aí que estaremos, para sempre, nas pequenas coisas, se prestarmos atenção. Quando você começa a tirar Deus da caixa, pode se sentir desconfortável na igreja ou na religião, porque esses lugares começam a parecer restritivos à sua alma. As orações podem não soar mais como verdadeiras, os credos podem parecer pesados e os sermões começam a soar alarmes de hipocrisia. Estas são as dores de crescimento, de perceber que tudo o que nos mantém caminhando nesta vida é mais do que a velha história que você aprendeu e memorizou; vai além das fronteiras que você mapeou. É quando você descobre que Deus deixou o edifício e que, talvez, você também precise deixar.

Capítulo 2

HISTÓRIAS DE NINAR ASSUSTADORAS

Um dos dilemas iniciais e principais que enfrentamos ao aceitar a crença, de qualquer nível, em uma presença divina é decidir o caráter e o objetivo dessa presença: ela está, em essência, a favor ou contra mim? Estou seguro em sua companhia ou minha punição é iminente? Sou amado como sou, ou sua afeição por mim depende de meu comportamento ou minha convicção? As respostas a essas perguntas, geralmente, nos são transmitidas antes que possamos nos lembrar de recebê-las, e é por isso que elas são tão difíceis de ver com objetividade.

Crescendo como um bom garoto católico, lembro-me de inalar o incenso pungente pairando no ar do nosso enorme santuário gótico; recordo-me de ajoelhar no genuflexório, com uma almofada macia de veludo vermelho, apoiar meus cotovelos no assento duro de madeira polida à minha frente e olhar para cima para um dossel com vitrais e pedras. Rezava para um Deus que falou "que se faça a luz", criou o ser, e tem contado todos os fios de cabelo da minha cabeça. Deus esse que me adorava totalmente, mas cuja ira nunca estava longe. Eu sabia que era amado completamente, contanto que eu não estragasse tudo nas infinitas maneiras que parecia possível fazê-lo: roubando, mentindo, me masturbando, ouvindo Ozzy Osbourne ou votando um dia nos Democratas. Como resultado, com frequência eu rezava: "A quem devo temer?", enquanto, com razão, ficava horrorizado. Ensinaram-me que Deus era, ao mesmo tempo, inabalável no amor e facilmente irritável, e nenhum adulto ao meu redor parecia nem um pouco perturbado por esse paradoxo. E, a despeito da minha confusão, me disseram para compartilhar esse Deus com os outros: garantir que amigos, parentes, colegas e estranhos aceitassem abertamente o Seu amor ilimitado. Assim, Ele não os pulverizaria ou lançaria uma praga em suas casas (o que quer que aquilo fosse).[1] Eu precisava resgatar as pessoas da tormenta eterna antes que Deus retornasse para julgar a mim e a toda a humanidade; uma tarefa difícil para um aluno da primeira série. Quase meio século depois, eu ainda trago resquícios desse passado comigo.

Como adulto, você já pensou a respeito das conclusões que mantêm sobre essas questões elementares acerca do caráter de Deus e como você as adquiriu? Como você descreveria, especificamente, quem ou o que você acredita que reúne tudo isso? O que esse Deus pensa e quer de você e para você? Você já deve ter pensado. A sua capacidade de amar a si mesmo e o próximo é, de muitas maneiras, um produto dessas conclusões; eles compõem os *o quês* e os *porquês* da sua espiritualidade. Se derivamos as respostas de um texto sagrado, da experiência de vida, da nossa comunidade, da tradição religiosa ou de alguma receita inteiramente única de cada uma delas, essas respostas ditam nosso senso de identidade e amor-próprio, nos orientam no mundo e nos dão um propósito. Elas fornecem um filtro para entendermos o sofrimento e as circunstâncias favoráveis (estamos sendo amaldiçoados, testados ou abençoados?), e também determinam como exercemos nossa religião à medida que encontramos outras pessoas. Essas respostas formam a teologia funcional de nossas vidas comuns.

TEMER A DEUS

TEMER AOS OUTROS E FAZÊ-LOS TEMER

Um conjunto de respostas produzirá uma benevolência esperançosa e compassiva que, continuamente, nos leva a acolher o próximo e a viver com uma generosidade magnânima. Enquanto isso, o outro conjunto provavelmente construirá um julgamento mordaz, que nos deixa predispostos a excluir e propensos a repreender. (Com certeza, todos residimos em algum lugar entre esses dois polos opostos.) A religião punitiva, dentro da qual a maioria de nós foi criado e, talvez, nos aproximado mais, muitas vezes prega um evangelho condicional de boas e más notícias, em que as coisas parecem promissoras atualmente, mas esse conceito inevitavelmente acaba sempre fadado a cair. Sim, Deus nos ama inquestionável e efusivamente (dizem), mas há ressalvas e condições sob as quais ganhamos e mantemos esse amor. São pré-requisitos para pertencer a Deus e ao Seu povo, as contas morais precisam estar liquidadas para ser plenamente bem-vindo. Pode ser útil deixar para trás essas histórias assustadoras de nossa infância, porque elas criam adultos aterrorizados; e adultos aterrorizados, historicamente, não sabem amar direito.

Por fim, a maior barreira, em minha recente jornada para encontrar um Deus mais compassivo e ser um melhor reflexo desse Deus no mundo, tem sido a voz familiar, em minha cabeça, que me diz que Deus está zangado comigo por não acreditar mais em uma história que agora soa, de fato, sem amor aos meus ouvidos. Ou por me opor a uma igreja que, muitas vezes, parece antiética para Jesus.

Eu tive que perder muito de minha religião antiga para descobrir que Deus a superou, e as coisas não são tão simples como eram antes. Suponho que esse também seja o perigo de imaginar um Deus melhor e de repensar o que realmente significa amar o próximo: corremos o risco de nos imaginar fora de uma crença confortável.

Há uma epidemia dessa turbulência interna agora, como resultado de uma epidemia *real*. No meio de março de 2020, o surto de coronavírus nos EUA rapidamente floresceu de uma nota de rodapé global e distante para uma emergência gritante à porta. À medida que os casos começaram a crescer rapidamente e a gravidade da situação se tornou clara, tudo mudou, quase da noite para o dia. Em um período de apenas doze horas, a Disney World fechou, os torneios de basquete da NCAA foram cancelados, todos os esportes profissionais adiaram suas competições, turnês nacionais e internacionais foram interrompidas e viagens vindas da Europa cessaram por trinta dias (na época). Os cultos da igreja foram cancelados, as escolas foram fechadas e expressões coletivas usuais de comunidade de repente se tornaram inexistentes. Os ritmos normais da vida foram interrompidos para todos nós, o que foi genuinamente desorientador. Foi como tentar se sentir seguro no meio de um terremoto: não havia nada estável para ficar em pé. As mudanças implacáveis, atualizações conflitantes e informes de noticiários eram difíceis de acompanhar. Podia-se ver a tensão se espalhando em lojas e estacionamentos, enquanto as pessoas lutavam freneticamente para reunir coisas como desinfetante de mãos, lenços umedecidos e papel higiênico, que de repente passaram a valer mais do que ouro no mercado negro online.

Criado como cristão, me lembro de ler sobre João Batista dizendo a seus alunos e àqueles que seguiriam os caminhos da compaixão, misericórdia, justiça e amor: "Aquele que tiver duas camisas deve compartilhar com aquele que não tem nenhuma, e todo mundo com comida deveria fazer o mesmo."[2] Pensei nisso enquanto observava uma mulher esgotada, com um carrinho de compras cheio de papel higiênico, sem vontade de ceder um único rolo para outra mulher que estava implorando a ela por isso. "Este é o último pacote da loja e nós só precisamos de alguns rolos", ela disse à estranha. "Por que não rachamos o preço e compartilhamos o pacote?" A mulher com o carrinho riu e saiu correndo. (Amar ao próximo assim como a si mesmo aparentemente não se aplica ao último precioso pacote de duas camadas.)

Agora, não vou assumir que a mulher com o estoque enorme e oscilante de Charmin (marca de papel higiênico) era uma seguidora professa de Jesus, mas imagino que muitos supostos crentes nos EUA estavam igualmente perdendo a sua prática religiosa naqueles momentos, e nas semanas e nos meses que se seguiram. Milhões de seres humanos — que há apenas alguns dias teriam pregado um Deus de abundância e recitado as Escrituras sobre pessoas na igreja primitiva que compartilhavam todos os seus pertences[3] — estavam dando safanões em estranhos por lenços umedecidos e preparando--se para leiloar órgãos vitais na dark web, em troca de uma garrafa de higienizador de mãos. Durante os dias iniciais de crise, vários autoidentificados seguidores de Jesus viram sua fé estendida ao limite pois, na verdade, tiveram que colocar seu dinheiro onde suas orações e canções estavam. Uma coisa é dizer que você acredita em amar o próximo como a si mesmo, enquanto está em um prédio em um domingo, quando está tudo bem com a sua alma. Outra, completamente diferente, é quando você está em pânico no meio de uma loja lotada, cara a cara com o próximo desesperado porque não quer que seus filhos tenham que se limpar com folhas secas e guardanapos. É fácil ficar com os braços estendidos e cantar "It is well with my soul" (Está tudo bem com a minha alma) alegremente, mas é muito mais desafiador ver seu plano de aposentadoria evaporando, seu calendário sendo triturado em tempo real e sua despensa se esvaziando, e sua voz não tremer. Momentos aterrorizantes tendem a revelar sua religião verdadeira, em oposição à que você alega ter. É quando o seu eu *real* aparece, e quando o Deus em quem você realmente crê está presente e é revelado com precisão. Tempos de crise também ocorrem quando você descobre o quanto ama ao próximo, o quão desamorosos os próximos podem ser e o quão perto do desespero todos nós estamos. Agora, eu sempre mantenho papel higiênico em meu carro, para emergências.

Mas, sem uma pandemia para trazê-los à superfície, vejo muitos cristãos aterrorizados nos EUA todos os dias, fazendo uma exibição de piedade que mascara o quão aterrorizados eles de fato estão. Esses fiéis assustados têm um problema espiritual profundo e fundamental: o Deus deles é, simplesmente, muito pequeno. Embora suas palavras sejam sobre um Criador imensurável e com amor sem limites, na realidade adoram uma divindade feita à sua própria imagem: branco, norte-americano, republicano, masculino — e perpetuamente aterrorizado por muçulmanos, imigrantes, ciência, crianças gays, relatórios de promotores, mandala, Harry Potter, copos promocionais do Starbucks, ioga, turbinas eólicas — tudo. Enquanto eles declaram o poder impressionante de Deus em todas as oportunidades, sua postura defensiva desmente essa confiança. Parecem sentir a necessidade de armar-se até os dentes e de construir muros impenetráveis para proteção, certos de que os outros lhes fazem mal e querem tomar o que é deles. Eles querem ser aqueles que vão mudar os casais gays e adolescentes transgêneros, porque não confiam em Deus para trabalhar com as pessoas como Ele deseja. Eles parecem sobrecarregados com acúmulo de riquezas, seguro de saúde e oportunidades; isso ocorre porque, subconscientemente, suspeitam que o Deus que alegam ter transformado água em vinho e alimentado milhares com alguns peixes e sobras de pão possa não ser suficiente para todos. Eles estão preocupados com outras tradições religiosas terem voz, com temor de seu único e verdadeiro Deus se ofender por pessoas que o adoram de maneiras diferentes.

Não presumo que esses cristãos sejam menos autênticos ou fiéis do que eu. Eu sei que eles acreditam sinceramente em Deus, oram a Deus com paixão e servem a Deus com fervor inabalável. O problema é que o Deus deles é muito pequeno e, enquanto eles estiverem orientados para uma divindade tão pequena e superável, continuarão a ter uma religião marcada mais pelo medo do que pelo amor; e isso simplesmente não é bom para ninguém. Sinto pena deles e do mundo que tem que ser submetido à sua teologia de bolso, quando há um espaço amplo esperando por eles. Eu espero, e rezo para que essas pessoas logo encontrem um Deus grande o suficiente para que elas deixem de viver de forma tão pequena, para o bem delas e para o nosso. As pessoas merecem um Deus que ame o mundo, não um que escolha a América Primeiro; um cuja criação comece sem divisões, fronteiras e muros, porque há somente uma comunidade interdependente. As pessoas merecem um Deus que tocou o leproso, curou os doentes, alimentou os famintos, abriu os mares e ressuscitou os mortos — não um ídolo trêmulo que constrói muros, elabora leis de banheiro e lança cruzadas nas redes sociais contra famílias migrantes. As pessoas merecem um Deus que não é branco, nem homem, nem cisgênero, nem heterossexual ou republicano — porque qualquer outro Deus não é grande o suficiente para ter o título ou merecer qualquer reverência.

Desde que os alarmes de pandemia foram acionados pela primeira vez pelas autoridades de saúde, duas cenas se repetiram na minha linha do tempo nas redes sociais: fotos e vídeos de prateleiras vazias de mercearias e de filas enormes e serpenteantes de pessoas, visivelmente abaladas, empurrando carrinhos de compras cheios até transbordar. Conforme via a falta de oferta e o pânico da

ACREDITAR NA ABUNDÂNCIA DE DEUS

LIBERDADE PARA SER GENEROSO

demanda se misturando, não pude deixar de pensar na instrução de Jesus aos seus seguidores para orarem pelo "pão de cada dia": não o pão para um mês ou um ano, mas de cada dia, pela refeição necessária naquele momento.[4] Com certeza, ele poderia ter dito de forma diferente naquela época, se seus ouvintes tivessem geladeiras de duas portas e um freezer na garagem — mas a base dessa oração é a garantia de sustento, de provisão, de suficiência. É uma oração de petição, apenas para o que é necessário para enfrentar o presente, que não é como gostamos de viver durante uma crise. Nesses momentos, queremos obter o máximo de pão que pudermos.

É tentador nos anteciparmos quando a adversidade aflora. Se formos honestos, em nossos melhores dias, uma terrível sensação de escassez está sempre pairando na periferia de nossas mentes, e estamos sempre lutando para mantê-la sob controle, tentando, sem cessar, descartar os pesos dos *e se*. Nós nos preocupamos de não ter o suficiente nos armários, que o dinheiro acabe, que percamos terreno, com a escassez — mesmo que o privilégio e a prosperidade protejam muitos de nós de tudo, exceto de uma remota possibilidade de muitas dessas coisas realmente acontecerem. Sim, queremos declarar corajosamente que *Deus provê,* mas também queremos acumular coisas suficientes para nos segurar por alguns meses, caso Deus não proveja — mesmo que tenhamos que construir celeiros maiores,[5] alugar espaços de armazenamento ou jogar fora coisas perfeitamente boas para acomodar tudo. Mateus, no capítulo 10 da biografia sobre Jesus, registra seu professor lembrando aos ouvintes, que estão propensos a se preocupar, que, se Deus atende aos pardais (que valiam meio centavo no mercado aberto), podemos ter certeza de que também recebemos esse grande cuidado, dada a nossa semelhança especial com a Divindade.[6] Essa declaração não é facilmente adotada quando o pânico se apodera de nós e as águas da ansiedade sobem rapidamente ao nosso redor. Nesses momentos (como os para o qual o mundo está acordando na maioria dos últimos dias), é dito aonde vamos procurar segurança: um papel higiênico excedente, um estoque de pão, uma provisão de água engarrafada — e, talvez, um arsenal carregado para guardar tudo. Um paradoxo é que muitos daqueles que correm em pânico para comprar produtos de higiene pessoal e encher um segundo freezer são as mesmas pessoas que simultaneamente assumem uma imagem pública de religião ostentosa, alegando, em voz alta, confiar em Deus para mantê-las a salvo desse vírus, e se recusam a usar máscara. Elas têm uma sustentação seletiva, que se apoia na fé ou reivindica compaixão, até que essas coisas tragam desconforto ou envolvam muito sacrifício. Enquanto alguns crentes professos abandonam as proteções em nome da fé, outros veem o uso de máscara e o distanciamento social, em uma pandemia, como um ato profundamente espiritual, que respeita o dom do conhecimento de como os vírus viajam, e encarnam o amar o próximo como a si mesmos, porque creem que o Deus que fez tudo também reside neles. A teologia é totalmente desmascarada na crise.

De algumas formas, o tipo de isolamento e restrição em que vivemos durante o surto do vírus fez algo incrivelmente útil. Renovou a nossa religião coletivamente, ao nos separar geograficamente, tirando muitos dos aspectos familiares de nossa existência espiritual comunitária, as armadilhas superficiais e os elementos supérfluos ligados aos edifícios aos quais fazemos nossas romarias dominicais. Despojadas essas partes não estruturais de nossos sistemas de crenças, o que resta são as bases e os "ossos" do que realmente confiamos, e que mantêm tudo isso junto — o que pode ou não ser muito. O medo é útil. Esclarecedor. Iluminador. Quer reivindiquemos ou não uma visão de mundo religiosa, o medo queima o que *dizemos* acreditar e revela o que *realmente* acreditamos sobre proteção, sustento, segurança, generosidade, abundância e comunidade. O medo esbraveja nossas convicções com a força de megafone: toda a pretensão cai, a camada superficial desmorona, as fantasias se dissolvem e as pessoas nos veem como realmente somos.

O medo, do tipo sem precedentes, abrasador e paralisante no qual estivemos imersos durante a pandemia, também é um belo convite para entrar no caos e ser o melhor tipo de humanos que somos capazes de ser; as pessoas iluminadas que aspiramos a ser; a comunidade redentora que os cânticos declaram que somos; a Igreja que imaginamos em nossas cabeças; uma emulação amorosa do Deus a quem reivindicamos fé. Quando a escassez faz surgir o egoísmo, podemos eclipsá-lo com generosidade. Quando a separação parece mais segura, podemos apoiar mais uma comunidade de risco. Quando a conspiração e a inverdade vêm para atiçar o fogo do pânico, podemos trazer a água fresca do fato e da verdade. Quando nossa resposta automática é acumular para nós mesmos, podemos lembrar que estamos nisso juntos, que somos os guardiões de nosso irmão, que todos pertencemos um ao outro. Quando as pessoas ao nosso redor são atingidas pela turbulência da incerteza, podemos acalmá-las com nossa presença calma e sóbria. Se prestarmos atenção, crises terríveis podem nos lembrar de nossas semelhanças, dos medos e das preocupações que assolam a todos nós, independentemente dos amortecedores que temos ou tentamos colocar na nossa prática, como medo de não ter o suficiente, de perder tudo ou de morrer sozinho. Dias como esses podem nos lembrar de nossa união; de que somos uma comunidade única e interdependente que transcende fronteiras nacionais, afiliação política, tradição religiosa, orientação sexual, nação de origem ou qualquer descrição que vemos ou criamos entre as pessoas. É isso que o amor exige de nós.

Embora eu ainda esteja tentando expulsá-lo, o medo é uma droga infernal. Na estrada que percorro, advinda da minha antiga patologia, tão pequena no espelho retrovisor quanto imagino que seja minha antiga ortodoxia, e tantos anos depois de desconstrução original que tive, aquele monstro, que rosna, ainda está pairando na periferia sombria dos meus pensamentos: a certeza de que vou errar, irritar Deus e suportar todo o peso de Sua ira. Essa

DEIXAR O MEDO DE LADO

PERCEBER QUE HÁ O SUFICIENTE

toxina nunca é totalmente liberada do meu sistema, não importa o quão progressista eu acredite que seja, ou o quanto eu tentei abraçar minha amabilidade. É uma relíquia interna e portátil de minha antiga fé, que ocasionalmente me confunde; e sei que a miséria está em boa companhia. Entendo bem a senhora com o carrinho de compras transbordando, porque tenho os mesmos impulsos debilitantes de acumular bênçãos, porque também me preocupo com o fato de não ter o suficiente e porque, de vez em quando, eu sinto como é ser menos estrito e encontrar aquele lugar sagrado chamado *o suficiente*. É por isso que eu gostaria que ela tivesse encontrado compaixão suficiente para dar dois rolos de seu megapacote para sua próxima desesperada — porque aquele ato poderia ter ajudado a ambas. Teria diminuído o fardo para a estranha e permitido que ela se lembrasse daquele eu melhor ao qual ela e todos temos acesso. E Deus, que trabalha das mais misteriosas maneiras, teria aparecido sem cerimônia na seção de papéis higiênicos.

Embora não seja provável que tempos mais insustentáveis e aterrorizantes nos destruam fisicamente, é certo que eles definirão nossa moralidade: nos corredores das mercearias, nos nossos bairros, online e nas nossas salas de estar. É aí que a nossa fé, a nossa religião e o nosso Deus se mostram. O amor perfeito deve expulsar o medo,[7] mas o medo não vai embora facilmente. Vamos precisar ter coragem de ficar e de lutar pelas pessoas.

Capítulo 3

A M*RDA NUNCA É RESOLVIDA

Deus, eu não consigo resolver esta m*rda.

Provavelmente esse deveria ser o título deste livro (embora eu ache que não fosse emplacar, por razões óbvias). No entanto, se a minha jornada espiritual durante o meio século passado pudesse ser resumida honestamente em uma frase, não poderia pensar em outras melhores para essa tarefa. Como um pastor há 27 anos, passei décadas tentando convencer os outros de que tenho certeza absoluta de tudo, em questões de crença, embora não tenha certeza de muita coisa. Nos momentos de silêncio, longe dos holofotes lisonjeiros dos púlpitos das megaigrejas, plataformas de conferência e postagens virais em blogs, tenho vivido com uma voz persistente que diz: "Você sabe que não tem ideia do que está fazendo, certo?" (Reconhece essa voz?) Eu costumava pensar que era *O Inimigo* tentando me enganar (um mecanismo de defesa conveniente, embutido na minha história cristã padrão para quaisquer experiências desagradáveis ou momentos desconfortantes), mas agora percebo que não era um

RECONHECER O MISTÉRIO

MAIS HUMILDADE TEOLÓGICA

diabo à espreita, mas um amigo honesto, me mantendo centrado o suficiente para me lembrar de que você não se torna um especialista em divindade como reles mortal, mais do que se torna uma autoridade na vida após a morte enquanto está vivo. Por mais aterrorizante que seja, tanto pessoal quanto vocacionalmente, e por mais que deixe algumas pessoas (eu, inclusive) desconfortáveis, estou, enfim, pouco a pouco me estabelecendo em uma humildade que admite essa vasta e contínua curva de aprendizado. Estou me acomodando com tudo o que não sei; com os pensamentos incompletos, conflitos não resolvidos, silêncios desconfortáveis advindos de tentar me conectar com um criador que parece recluso em alguns dias, e totalmente antagônico em outros.

Suponho que esse local de extensão infinita da incerteza seja tão bom quanto qualquer outro para começar. É onde todas as jornadas espirituais autênticas começam: o vão cavernoso entre a necessidade e o saber, aquele espaço confuso em que você quer mais informações do que tem sobre as questões mais urgentes desta vida.

Você e eu estamos sempre aqui (junto com todos os seres humanos que já fizeram morada neste planeta), e é realmente libertador quando você percebe a semelhança em nossa luta compartilhada, independentemente de nossa tradição de fé ou visão de mundo religiosa. Apesar de nosso pedigree, profissão ou alegações de *bendita certeza*, nenhum de nós realmente sabe o que está fazendo aqui. Você, eu, Madre Teresa, Franklin Graham, o cara na esquina com um megafone, condenando transeuntes e o desajeitado estudante do ensino médio que lhe entrega seu lanche; todos estamos trabalhando com informações incompletas do infinito e precisamos de um pouco de bondade e misericórdia. Há um nível necessário de mistério, sem o qual a espiritualidade não pode existir (o salmista parecia ciente e perfeitamente confortável com essa realidade);[1] o efeito final desse mistério é que você e eu sempre estaremos nos perguntando sobre alguma coisa, desde que sejamos honestos conosco. Mesmo que sejamos fanáticos superconfiantes ou agnósticos convictos, se nos sentimos totalmente bem com Deus ou com a heresia — que certamente nos condenará ao eterno ranger de dentes —, se nunca pronunciamos uma palavra amaldiçoada, ou se xingamos com grande criatividade, é reconfortante saber que a diferença entre os salvos e os condenados pode ser apenas uma questão de qual história escolhemos acreditar: se somos propensos à culpa ou à benevolência para conosco, ao falharmos, e em relação a outras pessoas, quando elas não atendem aos nossos padrões ou correspondem às nossas conclusões.

É por isso que uma teologia funcional do amor é tão importante: quando lideramos com gentileza, isso diminui as chances de destruirmos alguém nos utilizando de justiça própria, porque acreditamos honestamente que não somos melhores do que eles e nem autoridade superior em nada. Eu acho que todo religioso intelectualmente honesto deve sofrer, em algum grau, a síndrome de impostor, como se não tivesse controle sobre as coisas, como se estivesse a um fiozinho do colapso. Esse tipo de humildade o mantém aberto a revisar levemente, ou até mesmo desmantelar toda a sua estrutura teológica, quando a experiência começa a se opor a ela. Isso o torna mais flexível em relação aos outros peregrinos tropeçando na jornada, porque você sente afinidade por eles em suas lutas. Em minha experiência, os fracassos confessados e as fraudes admitidas são muito mais benévolas do que os anjos autoungidos e os santos, de qualquer maneira. As pessoas conscientes de suas deficiências são sempre mais amorosas do que aquelas que as ignoram, mesmo que sejam uma espécie em extinção nos dias de hoje.

Enquanto escrevo isto, estou sentado em uma pequena cafeteria, ao lado de um seminário batista do sul (o que, para ser sincero, com frequência faz eu me sentir como um soldado rebelde andando cuidadosamente na ponta dos pés, dentro da Estrela da Morte, com documentos roubados para a Resistência). Estou cercado por grupos de jovens gloriosamente barbudos discutindo hermenêutica, mães com bebês a reboque envolvidas em um programa de estudo bíblico para mulheres e uma mesa de professores vestindo cáqui (visível e exclusivamente homens), falando sobre "levar o evangelho ao campo missionário global" — e eu estou à espreita escutando com muita atenção e escrevendo furiosamente enquanto tento não ser notado. Todos parecem (e estou certo de que são) decentes, atenciosos, sérios e, certamente, muito mais complexos para mim aqui, do que se eu os encontrasse na minha linha do tempo de rede social, onde eu poderia ser tentado a reduzi-los, convenientemente, a estereótipos simplórios, presos a um meme de partidários dissidentes. Enquanto me inclino para a cacofonia de suas conversas, de um jeito que me possibilite isolar e registrar todos ao mesmo tempo, fico preso pelo excesso de confiança em comum: a bravata real (ou suposta) e sutil que sustenta suas deliberações, como aparentemente todos eles são seguros de si enquanto discutem, postulam e pregam sobre os mistérios insondáveis da vida, e da vida após a morte, como se estivessem discutindo como fazer um sanduíche. Há um *realismo* que parece impossível para mim agora, dado o assunto, mas é um em que eu sou bem versado como pastor de longa data. Neste dia, não tenho certeza se fiquei com raiva ou inseguro sobre o quão convictos pareciam — então, talvez, eu me conforme com um pouco dos dois.

De muitas formas, este café é um microcosmo do que o cristianismo organizado se parece para a maioria de fora dele, além de um indicativo do que a comunidade espiritual pode, muitas vezes, sofrer deslizes se a construirmos sobre a imagem da segurança inabalável:

um culto da mesmice santificada, desprovido do desvio que vem naturalmente com o livre arbítrio e a sociedade verdadeiramente díspar. Independentemente de nossas inclinações políticas ou teológicas, as nossas câmaras de eco de afinidade com frequência nos permitem um lugar seguro para reforçar nossa retidão e nos proteger de um interrogatório muito invasivo. Mas essas câmaras geralmente não convidam a turbulência que deviam, do tipo que Jesus regularmente acolhia quando se reunia com a elite religiosa e a plebe ímpia.

Costumamos confinar nossa comunidade em uma caixa de partido político ou condição financeira semelhante à nossa e, por assim dizer, cortamos do filme as vozes divergentes das nossas. Por mais diversos que aspiremos ser nas igrejas, na realidade, provavelmente, somos muito mais homogêneos do que é saudável. Claro, podemos, de vez em quando, enfrentar discordância gentil vinda de pessoas que, em grande parte, pensam da mesma maneira, mas nada que nos deixe desconfortáveis o suficiente para causar introspecção real ou gerar uma genuína virada doutrinária — e, decerto, nada que vai entrar e virar violentamente a mesa inteira sobre nós.

A certeza é uma boa ideia, mas altamente superestimada. Há uma arrogância perigosa envolvida em reivindicar qualquer tipo de autoridade moral ou clareza teológica precisa além de "aqui está o melhor palpite que posso dar, com base nas informações disponíveis — embora eu possa estar muito errado". (Eu adoraria mais sermões de domingo como esse, e acho que a maioria das pessoas da igreja também.) Isso é tudo o que realmente podemos oferecer uns aos outros, quer estejamos dispostos a admitir, quer não: nossas suspeitas, neste momento, sabendo que provavelmente nos sentiremos diferentes amanhã. O que alguns chamariam de inconsistência moral, eu chamo de crescimento pessoal. Nós vemos isso na Bíblia, em pessoas como Moisés ou o apóstolo Paulo que, de diferentes formas, se tornaram traidores de suas antigas tribos e hereges de seus antigos "eus". Fico muito feliz em discutir com quem eu era ontem, porque sei 24 horas mais sobre a vida do que aquele cara. Talvez seja isso que signifique orar pelo "pão nosso de cada dia": sustento no presente e combustível para nos impulsionar no dia seguinte, quando teremos um pouco mais de vida para extrair e um novo conjunto de perguntas. Por duas décadas como "cristão profissional", meu trabalho e sustento foram investidos na ilusão de *conhecer as coisas de Deus,* em ter respostas firmes e prontas em assuntos de maior importância. As pessoas vinham (e ainda vêm) a mim carregando seus pensamentos confusos, perguntas persistentes e terrores persistentes, esperando que eu trouxesse alguma clareza que lhes havia escapado — e, por uma época, fiz o melhor para abraçar o mito de que poderia. Levou um longo tempo para eu perceber que isso não era bom para nenhum de nós. Lentamente superei minha segurança santificada, meio aposentado como teólogo sabe-tudo, e disse adeus a algumas crenças que antes pareciam impossivelmente permanentes.

Se você evoluiu, amadureceu ou progrediu de alguma forma fundamental, sabe que há um luto nesse crescimento e nessa superação, em perder um pouco da velha história, da segurança dessa história, do senso de identidade que a história lhe deu e, às vezes, até dos personagens da história. À medida que você se esforça para se tornar um ser humano mais amoroso, ou tornar uma comunidade de fé mais amorosa, haverá perdas ao longo do caminho; pessoas que acharão sua perspectiva de expansão desconfortável. Esse é um risco ocupacional de ser um ser humano, ou uma comunidade, tentando crescer e amar melhor.

Lembro-me de conversar com uma pastora do Missouri após as eleições de 2016 sobre a reticência, em sua igreja e entre sua liderança, em entrar publicamente na briga de questões de justiça social, por medo de perturbar seus membros brancos mais conservadores. Quando ela reclamou que o silêncio coletivo estava causando mais danos às pessoas já oprimidas e vulneráveis, cedendo à sensibilidade das pessoas mais privilegiadas de sua comunidade, um de seus membros de longa data disse: "Mas, pastora, nós *queremos* que esses membros conservadores venham conosco para onde estamos indo." A pastora concordou com ele em princípio, mas retrucou: "Talvez tenhamos que realmente *ir* lá primeiro e perceber que nem todos virão conosco. Talvez tenhamos que estar dispostos a perder algumas pessoas para nos tornarmos a comunidade que devemos nos tornar para aqueles que ainda nem estão aqui." À medida que a igreja entrava lentamente naquele lugar de clareza e especificidade em torno das questões sociais atuais, e de um envolvimento mais visível no trabalho da justiça, alguns membros antigos realmente se afastaram, mas muitos ficaram e se juntaram a um grupo inteiramente novo de seres humanos talentosos e apaixonados, que nunca teriam encontrado um lar espiritual em sua iteração anterior. Depois, a pastora me disse: "Se tivéssemos recusado a mudança, para aplacar as pessoas que não estavam totalmente conosco, teríamos perdido a chance de realmente estar presentes em nossa cidade do jeito que estamos agora." Para ela, o desconforto e o luto valeram a pena, porque essas adições e subtrações foram parte necessária de sua transformação. Eles precisavam que essa dolorosa mudança relacional ocorresse para se tornarem o que eles precisavam se tornar — talvez você também precise.

Eu me pergunto o que você perdeu em seu caminho para se tornar quem você é. Eu me pergunto quais separações e subtrações foram resultado de seus esforços para amar mais as pessoas. Mais do que isso, me pergunto o que você está disposto a suportar, abrir mão e se separar enquanto segue em frente, para se tornar quem você precisa ser. Sofri demissões, afastamentos, sumiços, recebi e-mails raivosos e insultos públicos ao longo do caminho para uma religião que parecia mais autêntica. Tive que ficar bem com a superação da religião organizada, e de sentir o estranho desalojamento que ocorre quando se faz isso. É provável que você entenda um pouco desse deslocamento: ser um filho prodígio despatriado em sua história de fé anterior; sentir que não se encaixa mais nos espaços antigos; suspeitar que, provavelmente, não pode voltar, mesmo que quisesse.

Ontem, compartilhei uma postagem simpatizando com pessoas que muitas vezes acham os cristãos as pessoas mais hipócritas e sem amor do planeta, no que uma velha amiga respondeu: "Então, o que você *é* agora?" Eu sei que ela esperava uma resposta melhor do que a que dei: "Depende do momento. Eu lhe falarei com certeza em mais 51 anos." Tem dias que é difícil saber mais *no que* eu acredito sobre Deus, o quanto da minha religião da infância eu ainda mantenho, com firmeza, em mãos maduras; exatamente que tipo de fé posso reivindicar hoje, com plenitude, com alguma convicção. Quando a sua fé começa a mudar, pode ser assustador saber o quanto de seu sistema de crenças atual é uma rejeição do antigo. Muitas vezes, preciso cortar o crescimento excessivo e sufocante da história que conto a mim mesmo, para desenterrar o que realmente está lá. Eu tenho que enfrentar minha fraude, minha inconsistência e minha hipocrisia, enquanto desloco um quadril[2] lutando contra a dupla do Deus em que eu costumava acreditar e Aquele em quem quero acreditar. Quando faço isso, percebo que há momentos fugazes em que tudo faz sentido (ou pelo menos quando estou em paz com a insensatez); quando todos os pontos não precisam se interligar; quando não me sinto compelido a reconciliar todas as discrepâncias; quando estou perfeitamente confortável pairando em algum lugar entre a ortodoxia e a heresia. Aqui, longe da religião organizada, nesta espiritualidade decididamente desorganizada, a certeza de coisas invisíveis sobre as quais eu sempre li não está tão estabelecida em minha cabeça quanto está em meu instinto; é mais consciência emocional do que decisão intelectual. Não posso quantificar, mas sua presença é inegável. Ao longo da jornada para uma espiritualidade mais autêntica, e para uma expressão mais

CRESCER ESPIRITUALMENTE

LAMENTAR SUA VELHA HISTÓRIA

amorosa disso, tive que manter mais frouxamente um rótulo em que encontrei grande parte de minha identidade: *Cristão*. Agora, a minha melhor resposta à pergunta "O que eu *sou?*" é que sou alguém tentando seguir esse fardo interno até sua fonte, aonde quer que isso me leve. Sou um *questionador* com mais perguntas, um *buscador* que ainda procura, um *batedor* se aproximando de novas portas. É um espaço muito bom para ocupar.

Hoje, estava atrás de uma caminhonete com um adesivo que perguntava, "Como estou dirigindo?", seguido de um número de telefone. Eu queria ligar e simplesmente dizer: "Mal", e desligar — então percebi que isso não só não era nada cristão, mas também que devia ter um identificador de chamadas. Aposto que a pessoa atrás do volante se considerava bom motorista. A maioria de nós se considera, o que explica por que temos 17.250 acidentes de carro por dia nos EUA.[3] (Imagine se fôssemos maus motoristas.) Ultimamente, não me preocupo tanto em definir para as pessoas *quem* eu sou, quanto em perguntar *como* estou: o que elas acham que eu acredito com base nas coisas que faço, nas causas que apoio e nas maneiras como trato as pessoas? Se eu nunca professasse minhas crenças espirituais, o que imaginariam que seriam essas crenças? Elas poderiam fazer engenharia reversa da minha teologia? Nesse momento, aqueles de nós que acreditam em um Deus que é amor terão que fazer muito mais para convencer as pessoas de que acreditamos nisso, antes de esperarmos que elas acreditem. Talvez você devesse perguntar a alguém ao seu redor como você está dirigindo — e realmente ouvir.

Não acho que exista um especialista em religião, e é por isso que geralmente fico desconfortável quando ouço as pessoas elevarem alguém a essa posição. Não me importa quantos livros você leu, quantos anos dedicou aos estudos, quantos títulos ou qualificações você tem, o quão eloquente é como orador, o quão bem você encadeia palavras escritas, ou o quão reverenciado é nos círculos teológicos — o fato é que nenhuma dessas coisas garante a certeza quanto aos *comos* e *porquês* desta vida. Na verdade, se está se movendo com honestidade nessa jornada de significado, você não acaba sabendo mais ao longo do caminho, você simplesmente aprende o quão pouco entendeu até agora, o quanto compreendeu errado no passado, e se torna mais reverente, e consciente, da maravilha pouco além das coisas mensuráveis. Você consente com o mistério e admite as lacunas — o que não é fácil de fazer, quando a religião organizada lhe ensina, desde o nascimento, que Deus é perfeitamente reconhecível e lhe diz que fará a apresentação pessoal que só ela pode fazer. A religião tende a tentar colocar o infinito não apenas em uma caixa, não apenas a caixa de nossa tradição particular, mas em nossa versão preferida dessa caixa. Para a maioria de nós, a necessidade de estar certo, aos poucos, nos doutrina em um culto aconchegante, de viés de confirmação, que reforça o que já acreditamos, em vez de nos desafiar a acreditar em algo, o que pode ser mais desafiador, porém mais pleno e verdadeiro.

As pessoas raramente olham para suas teologias passadas e pensam: "Queria ter sido mais intolerante." Elas quase sempre se arrependem de não estarem mais abertas à possibilidade de terem algo para aprender. Elas, quase sempre, percebem que não sabem tanto quanto achavam que sabiam. Mantenha-se aberto a aprender e você será mais capaz de continuar amando.

Alguém me disse, certa vez, "John, a fé é uma coisa divertida. Se você fala alto quando está em uma igreja, eles o chamam de *fiel*. Se fizer isso em um banco de parque ou em um ônibus, o chamam de *louco*". Muitas vezes, me perguntei sobre essa linha tênue entre fiel e louco, entre ter um relacionamento íntimo com alguém que eu amo e que não posso ver, ouvir ou tocar, e não estar muito bem com ele. Dependendo do dia e do momento, posso sentir que qualquer descrição dessas se encaixa. É um coquetel reconfortante de medo, autoilusão e desespero. O que me leva a interpretar sentimentos, eventos e circunstâncias como confirmação de alguém se comunicando comigo, sem qualquer evidência quantificável — ou é esse o Amor universal que une a todos, tornando-se pequeno e silencioso o bastante para que eu tenha que me inclinar e esperar muito tempo para ouvi-lo? Esse é o paradoxo de um Deus de tamanho certo: Ele precisa ser grande o bastante para criar o homem e colocar o tempo em movimento, mas ainda íntimo o suficiente para saber por que aquelas palavras de crítica que ouvi um dia quando tinha 5 anos ainda me fazem sentir inseguro aos 51. Deus é tanto o arquiteto da Via Láctea quanto de meu coração. Há muito a perguntar e mais ainda para fazer sentido. Se há alguma coisa constante na busca por esse Deus, ela deve ser marcada pela inquietação, como tentar abraçar a neblina.

Todo esse esforço da espiritualidade é um exercício de agarrar coisas intangíveis, por isso está fadado a ser uma confusão desorientadora, se estivermos fazendo certo e sendo honestos conosco mesmos e uns com os outros, ao longo do caminho. Eu respeito as pessoas que abordam a crença intelectualmente, pessoas que querem evidências e que buscam uma visão de mundo religiosa esclarecida, com base em dados mensuráveis e tangíveis — mas também sei que o escriba do Novo Testamento estava certo quando disse que a fé não se trata de certeza, mas de suspeitas.[4] É uma orientação aspiracional, um movimento em direção a algo um pouco fora de alcance, algo que o impele a perguntar, buscar e bater nas portas — porque você ainda não sabe tudo. Não há nada organizado, limpo ou fácil nisso, por isso todos devemos convidar o caos, fazer amizade com ele, aprender a conviver com ele e ver o processo imperfeito de coexistir com ele como um ato sagrado em si. Nas histórias do Evangelho, não se tratava só de ouvir o Sermão da Montanha,[5] pregado em uma encosta que alterou os discípulos de Jesus; se tratava do terror encharcado do mar na parte de trás do barco;[6] se tratava de pressionar os dedos dos pés no solo fresco e rico da vinha; e, em completo pesar, próximo ao túmulo de seu amado amigo. Foi em suas dúvidas, em suas lutas e em refeições inimagináveis nas encostas de morros ao lado de multidões, que eles encontraram a proximidade com a coisa maior — e, mesmo assim, eles não conseguiam entender tudo. Quando se trata de conhecer todos os mistérios enquanto estamos aqui, a m*rda nunca é resolvida totalmente, então devemos fabricar um pouco de benevolência para os outros e para nós mesmos — e amar bem a todos na confusão.

Capítulo 4

NÃO SERÁS UM IDIOTA

Eu sou um idiota, e você também. Nem sempre, é claro, mas às vezes. E é nessas vezes que devemos procurar entender se é de real importância para nós expressar nossa espiritualidade, pessoal e coletiva, com amor. Estamos de fato nos encarregando da difícil tarefa de aliviar os danos no mundo, e não contribuir para eles? Para melhor fazê-lo, talvez seja útil definir nossos termos antes de prosseguir e responder à pergunta elementar: *"Então, o que é ser um idiota, afinal?"* Isso pode não ser tão simples quanto imaginamos.

Em 1964, em um caso que decidia a natureza da pornografia, o juiz da Suprema Corte, Potter Stewart, observou que, embora definir a obscenidade fosse um desafio, reconhecê-la não era. Ele declarou (com hilaridade não intencional): "Eu a identifico quando a vejo."[1] Quando se trata de idiotas em nossas vidas, normalmente podemos identificá-los sem muita dificuldade, mesmo que especificar suas qualidades inerentes seja complicado — e com um pouco de introspecção ou oração sincera, certamente podemos reconhecer a *idiotice* em nós mesmos. Sente-se e revise

COLOCAR A TEOLOGIA À FRENTE DAS PESSOAS

MACHUCAR PESSOAS EM NOME DE DEUS

o dia que você teve, por exemplo, e aposto que pode reconhecê-la sem muito esforço. Você sabe quando, nas redes sociais, em casa ou no trabalho, se propôs a ferir outro ser humano e conseguiu. Parabéns, você foi um idiota.

De modo geral, o que é problemático não é necessariamente nossa cosmovisão teológica em particular, perspectiva política ou a opinião pessoal, mas a maneira como as manejamos e o nosso propósito de manejá-las da maneira que fazemos. Nem sempre é a mensagem; às vezes, é o cerne desta. Muitas vezes, imaginamos que ser uma pessoa amorosa significa nunca causar danos ou iniciar conflitos, mas é mais complicado e sutil do que isso. Nesta vida, certamente você machucou os outros, e o fez de duas maneiras: ou você feriu acidentalmente alguém dizendo ou fazendo algo que não sabia que era ofensivo ou doloroso para a pessoa — ou o fez de forma intencional, porque era aquilo que estava tentando fazer desde o início, parcial ou totalmente. No primeiro caso, você foi *humano;* no seguinte, *idiota* — e muitas vezes você é o único que sabe qual é a verdade. O primeiro caso requer autoconsciência e honestidade para reparar o dano, enquanto o segundo requer arrependimento e um ajuste severo de atitude, e essa é uma tarefa bem mais difícil.

Dito isso, à medida que encarnamos nossos sistemas de crenças e tornamos o teórico tangível, os motivos importam. Nos relacionamentos com outras pessoas, causaremos dor inadvertida por falta de eloquência, por privilégio, descuido, pressa ou arrogância — e essas feridas não podem ser descartadas e precisam ser consideradas. (Não podemos apenas ignorar o dano colateral de nossas palavras e ações porque não queríamos prejudicar alguém, ou não sabíamos o que fazíamos.) Mas *há* algo bem mais tóxico no desejo de infligir trauma, especialmente se fizermos isso ao mesmo tempo em que alegamos superioridade moral ou justiça no processo.

Com frequência, as pessoas aparecem em meu inbox, linha do tempo ou seção de comentários por causa de algo que eu escrevi ou disse que lhes causou… desconforto extremo. Elas geralmente declaram e descarregam, sem cerimônia, um ataque verbal, feroz e brutal, em protesto ou dissensão; muitas vezes é salpicado de sarcasmo, pontuado com blasfêmias e repleto de palavrões. Isso não quer dizer que essas respostas, às vezes, não incluam críticas válidas, mas a execução, com certeza, pode ser bem desagradável. Em momentos assim, e nas conversas que fluem entre nós, tenho que me perguntar continuamente: *"Estou tentando entender esta pessoa ou derrotá-la? Tenho o encargo de mostrar a ela algo que vi ou experimentei, e que ela não viu, ou mostrar o quanto sou mais inteligente e esclarecido? Estou genuinamente procurando mudar seu coração, ou tentando fazê-la se sentir um b*sta?"* Eu sei qual é a resposta que a fé exige de mim, o caminho que Jesus traçou para mim. Também sei o quão viciante pode ser a alternativa, o barato temporário, de fazer alguém explodir ou desmantelá-lo verbalmente. Aposto que você também sabe. Todos entendemos o quão inebriante pode ser vencer uma discussão, ou fazer alguém se sentir estúpido — mas também sabemos que isso não é amor, certo? Quase sempre olhamos para trás e podemos ver onde erramos e onde acertamos.

Isso não quer dizer que, só porque acertamos, as pessoas nos responderão bem. Jesus nem sempre foi recebido de braços abertos e corações agradecidos, por isso não podemos esperar que sejamos. Precisamos lembrar que não há maldade inerente em reconhecer diferenças ou nomear visões opostas, mas pode haver se o seu desacordo for marcado por extremo preconceito ou crueldade premeditada. O mandamento de Jesus, de amar ao próximo e aos nossos inimigos, não vem com garantias de que não ofenderemos, causaremos desconforto ou criaremos turbulência (coisas que, às vezes, o amor certamente faz), mas Jesus *está* nos dizendo para manter nossos corações tão inocentes quanto pudermos, enquanto o fazemos. Ele está ordenando que busquemos ser nossa melhor versão nas trincheiras da desconexão relacional, fazendo todos os esforços para não causar dano. Ele está nos alertando para não sermos cruéis em seu nome, em parte por causa da maneira como nós mesmos somos transformados à medida que nos inclinamos para a compaixão e, por outro lado, porque a maioria das pessoas já está bastante baqueada e precisa de um pouco de bondade.

Meu filho e eu somos torcedores fanáticos do Philadelphia Eagles (uma religião muito *diferente*, os altos e baixos eufóricos, carregados de palavrões que merecem outro livro). À medida que se aproximava o início da temporada de 2020, estranha, sem torcedores e alterada pela pandemia nossa equipe já havia sido dizimada, de alguma forma, por uma série de lesões na pré-temporada, o que nos deixou deprimidos bem antes do primeiro jogo começar (um padrão para os fiéis da Filadélfia, perpetuamente perturbados). No programa nacional de pré-jogo, um jornalista local relatando o estádio, quase vazio, leu os nomes da maioria dos 12 jogadores confirmados para a disputa que se aproximava; mas, ao dizer o nome de um dos mais críticos deles, falou: "Ele está jogando lesionado, mas estará jogando." Ficamos aliviados, mas também sabíamos que o estado médico duvidoso daquele jogador não era um bom presságio para as nossas chances. *Jogando lesionado* significa, essencialmente, que alguém está com o físico comprometido, uma dor considerável, certamente sem estar 100% — mas marca presença de qualquer forma e contribui com a equipe da melhor maneira possível, apesar de suas várias limitações.

A frase ressoou alto em mim neste domingo em particular, porque eu também estava jogando lesionado. Era aniversário do meu pai e o sétimo aniversário de sua morte repentina, durante um cruzeiro no Caribe, e eu estava tendo uma dolorosa experiência extracorpórea. Mesmo que eu estivesse fisicamente ali, rindo em nossa sala de estar e ajudando meus filhos a despachar uma gloriosa e brilhante torre transcendente de buffalo wings (asinha de frango apimentada), após ter entregado uma mensagem virtual empolgante sobre como manter a esperança em uma igreja, e que fosse, mais tarde, apresentar um bate-papo online com alguns ativistas sobre as próximas eleições — eu não estava nem perto do meu melhor. Na maior parte da manhã lutei, sem cessar, contra as lágrimas, com dificuldade para me concentrar e me sentindo muito longe da força total, embora me confortasse em saber que estava em boa companhia no luto.

Dois dias antes, os EUA pararam em massa para lembrar as quase 3 mil pessoas mortas nos ataques terroristas de 11 de setembro de 2001; qualquer um com idade suficiente para se lembrar do horror abjeto daquele dia decerto estava carregando o peso com elas em silêncio, as imagens ainda aparentemente frescas e as emoções que simplesmente desafiam a descrição. E estavam fazendo tudo isso no meio de um ano já difícil, destruído, por completo, por uma pandemia implacável, protestos explosivos pelos direitos civis e a época das eleições mais divisivas de nossas vidas (e, ainda por cima, seus próprios desafios pessoais). Naquele dia de tristeza coletiva, elas também tinham obrigações, prazos e responsabilidades que não podiam desaparecer só porque prefeririam dedicar-se ao luto. Elas também tiveram que fazer o trabalho necessário de viver com uma tristeza persistente, que residia logo abaixo da superfície. Então, elas se vestiram e entraram em ação, enquanto cuidavam das dores. Elas lavaram a roupa, processaram a papelada, fizeram

CONSCIÊNCIA DA DOR

UM CORAÇÃO MENOS
PROPENSO A CAUSAR DOR

o jantar e consertaram as bicicletas dos filhos, e se sentindo fracas e tristes o tempo todo, porque é isso que os bons humanos fazem em tempos ruins.

Esse é sempre o caso; e é por isso que, como pessoas de fé, moralidade e consciência, temos sorte de estar aqui, agora, em um solo sagrado tão fértil. Por mais agitado que o mundo esteja, somos as pessoas que estão presentes e lembram que a bondade ainda habita este lugar, que os seres humanos amorosos não desistiram — e isso é uma coisa muito fácil de esquecer. Mesmo sem os problemas exacerbados de uma crise de saúde global em 2020, ou qualquer aniversário de tragédia nacional para nos alterar emocionalmente, ainda seria verdade que todos ao seu redor estão *jogando lesionados* de alguma forma: todos cuidando de feridas ocultas, vivendo com dor emocional crônica, carregando fardos invisíveis e fazendo o possível para seguir em frente, mesmo que estejam muito abaixo da capacidade total — porque alguém está contando com elas para estarem presentes e fazê-lo se sentir visto, ouvido e valorizado.

Este é o espaço sagrado no qual somos convidados a entrar, carregando conosco tudo o que achamos que podemos trazer, o que é mais do que costumamos nos dar conta. Sempre adorei a história de Jesus alimentando a multidão,[2] porque a primeira coisa que ele faz antes de preparar a refeição milagrosa é perguntar a seus discípulos: "O que vocês têm? O que vocês podem conseguir?" Ou seja, ele sabe que eles não são capazes de fornecer tudo o que é necessário, mas *são* capazes de fornecer *alguma coisa*: algo que ele vai multiplicar e engrandecer, um pequeno presente que se transforma ao sair de suas mãos. É assim que vivemos espiritualmente, em meio a tantos traumas físicos e emocionais: sabendo que nossas ofertas, escassas e aparentemente insuficientes, mudam a situação e a nós também. E o oposto também é verdade: quando evitamos a necessidade ao nosso redor, quando ignoramos a dor em nosso caminho (ou pior, quando pretendemos prejudicar), podemos tornar insuportável uma jornada já dolorosa — não só por um momento, mas por toda a vida.

Há pouco, o compositor Terry, de Nashville, que foi indicado ao Grammy, perguntou se eu estaria disposto a responder a algumas perguntas sobre um problema familiar, então marcamos um bate-papo, por vídeo, mais tarde naquele dia. Hoje, ele tem quarenta e tantos anos, e foi criado em uma igreja fundamentalista até o último ano do ensino médio, quando foi denunciado por seu pastor de jovens e — em um exemplo de crueldade impensável — foi expulso da comunidade por um grupo de estudantes e líderes adultos, após se recusar a "arrepender-se publicamente do pecado de sua sexualidade". Mesmo após todo esse tempo, Terry ainda luta contra as lágrimas quando me conta (um relativo estranho) a história de duas décadas e meia atrás: a peregrinação irregular de um pródigo com cicatrizes; diversas vezes tentando encontrar aceitação em uma comunidade de fé que o fez se sentir indesejado; trabalhando, sem cessar, para ser totalmente amado por uma família que sempre o lembrava que não aprovava seu estilo de vida. Tentou, por quase trinta anos, encontrar o caminho de volta para casa, para um Deus, quem ele acreditou por tanto tempo que o desprezava, mas que esperava desesperadamente que não fosse esse o caso. Ele me disse: "Todos os dias da minha vida, os cristãos pregavam um Jesus que eles se recusavam completamente a me mostrar. Eles sempre eram 'amor, amor, amor', mas eu não recebi nenhum e, então, saí de lá. Na verdade, fugi." Ele continuou, "não tenho mais certeza em que acredito sobre o que acontece após a morte, mas eu sei que, se o inferno existe, provavelmente parece com o que os cristãos me fizeram passar durante a maior parte da minha vida".

Se você prestar atenção, saberá que Terry não é exceção. Você sabe que ele é um de milhares de feridos caminhando ao seu redor, cujo obstáculo espiritual mais duradouro são as pessoas que professam fé em um Jesus que parecem ter pouco interesse em o obedecer ou imitar. Talvez você esteja nesta multidão cansada que acredita que a religião devia fazer as pessoas se sentirem mais humanas, não menos — ou que, sendo assim, é um mau uso do tempo e um desperdício de luz do dia. Se sim, anime-se: você e Jesus têm muito em comum. Sua exasperação com aqueles que declaram em voz alta uma graça que parecem determinados a não estender a todos aparece ao longo dos Evangelhos (veja Mateus 15:1–8). Ele continuamente desmantela as aparências bem-cuidadas de religiosidade das pessoas, para determinar como elas são por baixo; sempre mede o espaço entre o que elas dizem acreditar e o que realmente acreditam, confirmado pela forma de viver parafraseando Jesus ao falar para uma multidão de "juízes" hipócritas e arrogantes, prontos para atacar um adversário supostamente moralmente inferior: "Aquele que não tem pecado, que seja um idiota intolerável."[3] Em outras palavras, temos que ser tão gentis com os outros quanto Deus é conosco, uma vez que podemos reivindicar, de fato, essa gentileza para nós mesmos.

Certa vez, o cantor Tom Petty disse: "Se nascemos à imagem de Deus, então Ele sabe como podemos f*der tudo. E Ele sabe que você realmente não quis dizer isso."[4] Agora, se você foi criado em um lar "cristão adequado" e suportou a pressão moral, cerimonial e persistente por parte da comunidade da igreja, pode ficar inicialmente perturbado pela profanação presente nessa citação, ou alarmado com o que parece ser uma certa heresia — mas, honestamente, se Deus é amor em sua mais completa e perfeita forma, se esse Deus é responsável pela sua existência e a de todos os outros, e se esse Deus está intimamente ciente do conteúdo mais profundo do seu coração

— o bardo imortal, Petty, tem que estar certo, não? Esse *deve* ser o sermão mais perfeitamente preciso na história da teologia do rock clássico. Se não for, estamos todos em apuros aqui, porque significa que Deus não tem ideia de como é difícil ser humano, e que grande desafio é acreditar e viver de acordo, dada a curva de aprendizado contínuo e o grau de dificuldade envolvido. Sinto grande conforto no fato de que a base dos ensinamentos de Jesus (de acordo com a grande tradição rabínica da santa curiosidade) era convidar as pessoas a entrar nas questões: deixando que compartilhassem suas incógnitas e tensões, pedindo que parassem e considerassem os pontos cegos de seus olhos, limitados com traves, e as suposições não testadas de seus sistemas de crenças. Ele obrigou as pessoas a fazerem o doloroso trabalho exploratório de ver as profundezas de sua própria espiritualidade e confrontarem a lacuna entre seu testemunho e sua atividade — para elas deixarem de ser idiotas. Assim como agora, muitas vezes, isso não foi uma experiência agradável, e as pessoas tendiam a evitá-la a todo custo.

Todos temos uma teologia aspiracional, um sistema de crenças esperançosas do que gostaríamos de ter em um mundo perfeito — e tendemos a imaginar que ele já existe. Essa é a fé inabalável e o amor expansivo que obtemos das canções, orações e declarações doutrinárias. O problema é que nem sempre incorporamos esse amor tão bem quanto gostaríamos ou supomos que fazemos — o que significa que geralmente somos muito menos seguros e gentis do que dizemos a nós mesmos que somos. Não apenas isso, mas pode ser nossa própria teologia que precisa ser alterada para nos tornar mais amorosos. Essa pode ser uma informação encorajadora ou aterrorizante, dependendo do quão confortável você fica com crises existenciais e fraudes admitidas; apenas saiba que, se você sentir uma sensação incômoda de hipocrisia ou uma dúvida pairando persistente, você está em boa companhia. Isso é uma coisa bíblica, e Deus está bem com isso, então você também deveria estar. Por exemplo, para que o apóstolo Paulo abraçasse totalmente os ensinamentos e o caminho de Jesus, ele precisou trair seu antigo eu, defendendo apaixonadamente o mesmo movimento que ele acreditava merecer ser perseguido. À medida que sua compreensão do amor daquele Deus, a quem ele servia, se expandiu, também aumentou sua expressão desse amor, derrubando barreiras que não teriam caído sem um pouco do que ele, a princípio, imaginou ser heresia. Ele acabou fornecendo abrigo para as mesmas pessoas que havia atacado antes.

Raramente podemos optar por desistir da vida quando é dolorosa (e muitas vezes é), e é por isso que as pessoas de fé, cuja religião é marcada pelo amor, são tão necessárias — porque estamos situados na linha de frente dos seres humanos, da mesma maneira que Jesus estava; podemos ser uma presença igualmente pacificadora ou optar por não ser. Assim como ele, podemos (e devemos) ser os ajudantes e os curadores; aqueles que aliviam o sofrimento e reduzem o desespero; as pessoas que facilitam a restauração e aceleram a integridade; os melhores anjos deste lugar por vezes infernal. Podemos ser o samaritano preocupado, parando para cuidar das feridas ignoradas por tantos outros.[5] Podemos ser os discípulos de luto, ainda abrindo espaço para um convidado inesperado.[6] Quando nos recusamos a ser esse tipo de substituto compassivo; quando pregamos um evangelho de hostilidade ou contribuímos para o sofrimento do mundo; ou, ainda, quando deixamos de incorporar empatia, roubamos das pessoas a chance de conhecer um Deus maior do que as pequenas reproduções que elas encontram com frequência. Perdemos a oportunidade de surpreendê-las com gentileza, e perdemos a chance de fazer as pessoas sentirem seu amor inerente, que é o chamado mais alto que existe. Talvez o pior de tudo é que lesamos ainda mais os seres humanos, às vezes de forma irreparável — e o fazemos em nome de Deus.

DISPOSIÇÃO DE MUDAR

POSSIBILIDADE DE CRESCIMENTO

Não importa como você rotula a sua afiliação/tradição religiosa, ou o edifício onde você se reúne, ou credo que recita, ou quem recebe o crédito, em sua linha do tempo. Se isso não o obriga substancial ou parcialmente a ser mais compassivo, mais amoroso, mais consciente da dor das pessoas e mais motivado para aliviá-la, decerto não é feito de coisas de Deus; e não vai importar para a grande maioria dos seres humanos que você encontra, que considerarão a religião, na melhor das hipóteses, supérflua e, na pior, tóxica. Esta é a maior desconexão para as pessoas que perderam ou jogaram fora a sua religião, ou a perderam temporariamente: elas não podem conciliar pessoas odiosas que vendem um Deus de amor e se recusam ser avisadas que precisam amar. Elas não suportarão a intolerância, não importa a quem a pessoa que a perpetua esteja passando a responsabilidade. Elas são os seus próximos, exaustos e frustrados, necessitados de um pouco de bondade, como da Regra de Ouro, vinda das pessoas que afirmam que o amor é importante para elas. Podem, também, ser as pessoas que você se sente menos inclinado a amar; as pessoas com as quais você imagina que não têm nada em comum; aquelas que você acredita serem suas adversárias. Jesus está lá, disfarçado como o mais improvável destes, e como seus inimigos.

Minha peregrinação sinuosa de cinco décadas como um vira-lata teólogo — do coroinha católico obediente ao adolescente desencantado, ao agnóstico esperançoso, ao ateu desafiador, ao pastor superconfiante da megaigreja Metodista Unida, ao desconstrutor progressista, ao cristão humanista, a quem e o que quer que eu seja hoje — não rendeu muito em termos de declarações definitivas. Na verdade, a única conclusão a que cheguei, como resultado de todo o meu estudo, oração, luta, e pregação, a única verdade inabalável que posso me agarrar, é que a *fé não deve fazer de você um idiota*. É isso. (Se você leu isso e nada mais, ficarei feliz e confiarei que descobrirá o que isso significa para você.) Para mim, significa que sua teologia só é válida na medida em que sua vida é amorosa. Além disso, sua pregação e seu proselitismo são, em grande parte, uma perda de tempo para as pessoas, especialmente se elas não têm afiliação religiosa ou não compartilham sua visão de mundo. Se Deus realmente *é* amor, então não há outra alternativa aceitável. Jesus está em sua sala de estar e na sua linha do tempo. Ele é a pessoa que você ama muito e a que você não gosta por nada no mundo. Ele é aquele com quem você acredita que tem tudo em comum e com quem você não consegue encontrar nenhuma conexão. Pelo amor de Deus, não seja um idiota com ele.

Capítulo 5

O CARA PREVALECE

He's got the whole world in His hands.

He's got the whole world in His hands.

He's got the whole world in His hands.

Ele tem o mundo inteiro em Suas mãos.

Aprendi essa música há tanto tempo que, na verdade, não me lembro de tê-la aprendido. Parece que veio no meu sistema operacional padrão como filho de pais católicos: uma parte dos programas da escola paroquial, dos acampamentos de verão e das lições na escola dominical. Superficialmente, a mensagem da música é firme e bonita: todas as pessoas, coisas e lugares estão bem, porque Deus tem tudo sob controle. Toda a criação está segura, inclusive você. Nesse sentido, é uma ideia de um Deus tão grande e amoroso quanto possível — como segurando um planeta maciço. Mas há uma ressalva estranha embutida na letra, que eu não percebi por décadas: sim, Deus é glorioso e maravilhoso, ilimitado em beleza, incomensurável, além de nossa compreensão coletiva — mas também é um cara.

UM DEUS
ESPECIFICAMENTE
MASCULINO

MISOGINIA
SUBCONSCIENTE
REFORÇADA

Deus Pai, Deus homem. Deus, *Ele dentre Eles*. Durante toda a minha vida, me disseram que Deus certamente era *todas* essas coisas; levou quase metade de uma vida para compreender o quão tóxico, perigoso e, em última análise, limitante uma ideia é — e começar a ter Deus renovado em minha cabeça. Lembro-me de ter 10 anos e ouvir o monólogo daquele estimado estudioso bíblico, Archie Bunker, do seriado de comédia *Tudo em Família*: "Está na Bíblia, 'Deus fez o homem à Sua imagem e semelhança.' Depois, fez a mulher, de uma costela, um corte mais barato."[1] O escritor Norman Lear estava retorcendo a teologia misógina para o humor, mas as palavras falavam, com eloquência, sobre os perigos inerentes em imaginar uma Divindade, que é decididamente masculina, criar primeiro o homem e, então, criar a mulher a partir do homem. Isso não só justifica todo tipo de sexismo, tanto dentro quanto fora da Igreja, mas dá licença à ignorância generalizada sobre a amplitude da identidade de gênero e orientação sexual, que realmente existe, e a maneira como Deus é lindamente refletido nessa complexidade. Muito da violência alimentada pelo medo que os cristãos geraram em relação ao público LGBTQ durante séculos vem da história restritiva que herdamos sobre um Criador que usa calças.

He loves us, oh how He loves us.

Ele nos ama, oh como Ele nos ama.[2]

Quando cresci, a ideia de Deus como um cavalheiro mais velho, de barba branca, era impossível de evitar. Vivi quarenta anos com um Deus da Capela Sistina, decididamente homem, e, na maior parte daquele tempo, aquilo funcionou para mim (como um homem branco, é claro que funcionou). Parecia perfeitamente razoável aceitar os pronomes para o Todo-Poderoso transmitidos por meus pais e pelos líderes da escola dominical. Sequer considerei questionar isso até ter idade o suficiente para perceber que poderia me trazer problemas (então, fiquei quieto). Afinal, os adultos ao meu redor estavam apenas seguindo o que estava no Velho Testamento, os discípulos e até o próprio Jesus. Claro, como eu começaria a aprender, havia vários exemplos de descrições femininas de Deus na Bíblia,[3] mas, no geral, definitivamente distorcidas para o masculino. Os Evangelhos são, de forma clara, recheados com numerosas referências de Jesus ao seu "Pai que está nos céus", e os objetos de muitas de suas parábolas são figuras de autoridade decididamente masculina (rei, dono da casa, proprietário de terras, pai).[4] Isso, de fato, se tornou a minha última linha de defesa quando as pessoas questionaram a ideia de uma divindade exclusivamente masculina, ou quando comecei, por minha vez, a questioná-la: *Bem, Jesus fez isso — e se você não confia nele como cristão... bem, então confia em quem?*

Existem diversos tipos de fatores que poderiam explicar a prevalência de um Deus bíblico de gênero específico: questões de tradução do idioma original, preconceito cultural de gênero nos compiladores e curadores da biblioteca de livros que se tornou a Bíblia, ou talvez o desejo, de Jesus, em tornar Deus acessível e relacionável, usando o tipo de figura patriarcal tão valiosa para as pessoas na época. Em última análise, porém, identificar as razões precisas *pelas quais* as Escrituras apresentam, com tanta frequência, um criador masculino é menos importante e aceitável aqui do que simplesmente confrontar as velhas suposições, examinando-as com novos olhos e perguntando: um Deus de gênero único faz algum sentido, produz um mundo mais justo e uma religião mais amorosa? Nossa narrativa herdada de um velho comandando as coisas, por mais confortável ou familiar que a imagem possa ser para alguns de nós, parece crível? Se podemos imaginar Deus fora dos limites de gênero, isso não traz à luz algo mais revelador e maravilhoso? (Se essas perguntas lhe parecem ameaçadoras ou perturbadoras, isso pode ser um problema *seu*.) Como pode um Deus, que é espírito e não corpo, ser precisamente identificado com qualidades que, muitas vezes, associamos ao físico: anatomia, fisiologia e biologia? Se Deus *não* tiver essas marcas para medi-lO (e parece bastante claro que não tem), como esse ser/força/presença *pode* ser identificado como exclusivamente masculino? Como os escritores da Bíblia estabeleceram o gênero de Deus, para começar? Se Deus é Deus, não estou certo de que Ele pode ser definido ou contido em uma definição tradicional de gênero — na verdade, tenho certeza de que é impossível. Se todos os seres humanos são de fato feitos à imagem de Deus, então Deus incorpora, contém e transcende todo entendimento atual que temos de complexidade de gênero.

Isso não significa que personificar Deus não seja útil para nós. Nós existimos e nos envolvemos neste mundo ao nos relacionarmos com outras pessoas e, em grande parte, encontramos nossa identidade no contexto desses relacionamentos; então, faz sentido que todos atribuamos alguma personalidade ao amor maior que mantém tudo junto. Para aqueles que tiveram um relacionamento amoroso com seus pais, pode ser bastante útil humanizar Deus como pai (em especial devido à memória muscular de nossas infâncias ser muito forte); mas, para muitas pessoas, por causa de relações masculinas tóxicas, abusivas ou dolorosas em seus passados, se torna uma desvantagem criar uma figura inerentemente opressora, que perpetua seus maus-tratos anteriores e amplia a sua dor. Essa "divindade padrão masculino" também serve como barreira para pessoas fora da religião, ou às margens dela, que olham para o mundo se movendo em direção a uma compreensão mais ampla da sexualidade e a um sistema menos patriarcal, que ouvem nossa linguagem centrada no homem, observam nossas igrejas dominadas por homens e imediatamente se retiram. Para tais pessoas, imaginar Deus como uma mãe (também uma metáfora bíblica) ou irmã pode ser mais frutífero; Deus como algo,

como *qualquer coisa*, menos um cara, é realmente ótimo. Se Deus é do tamanho de Deus, esse Deus pode ser pai, criador(a), pastor(a), mãe, guia ou amigo(a). Deus tem um grande alcance e não pode ser tipificado — e abolir o gênero de Deus por completo pode ser realmente útil, se pudermos administrá-lo.

Recentemente, um leitor cristão, chamado Devin, indignado com meu apoio aos transgêneros, deixou este comentário em meu blog (reverberando uma dentre muitas variações de opiniões sobre esse tema): "John, Deus sabe o que faz. Ele criou as pessoas para serem homens *ou* mulheres. O velho assunto da agenda gay sobre gênero fluido está esgotado."

Sim, aquele "velho assunto da agenda gay," respondi, "que tantos cristãos não suportam — que está na Bíblia e diz que *todas* as pessoas são feitas à imagem e semelhança de Deus". A história da criação da Gênesis (aquela à qual as pessoas se agarram fervorosamente, e defenderão até a morte como literal e obrigatória) cita Deus dizendo: "Façamos a humanidade à nossa imagem, conforme a nossa semelhança" (Gênesis 1:26). *Todos* os humanos são feitos à imagem de um Deus que define *a si mesmo* no ato da criação — na pluralidade. Alguns estudiosos bíblicos afirmam que essa declaração de Deus como "nós", na verdade é uma conversa trinitária (Pai,

Filho e Espírito Santo conversando entre si, por algum motivo não declarado). Outros apontam para restrições na tradução do hebraico para o grego, que exigem pronome no plural (uma espécie de "Nós" real). Mas, mesmo que se aceite uma dessas explicações para a palavra usada, ainda há uma pergunta a ser respondida: o Deus da Bíblia — Criador de toda a humanidade, a fonte de toda a vida igualmente — é simplesmente homem ou mulher? Isso parece um grande desserviço à escala e ao escopo do Todo-Poderoso. A única maneira de cada ser humano díspar ser igual e totalmente feito à semelhança de Deus (se usarmos a mesma Bíblia que esses cristãos homofóbicos/transfóbicos usam) é se Deus transcender e englobar o gênero. Se Deus é tanto homem *quanto* mulher, e nem homem *ou* mulher, então esse Deus (para citar o meu leitor) é um "assunto de agenda gay", termo já gasto.

A verdade é que, embora a Bíblia pareça, na superfície, refletir uma compreensão limitada e com predominância binária da sexualidade humana condizente com sua gênese antiga, ela usa imagens e linguagens para Deus que não são estritamente masculinas:

> Será que uma mãe pode esquecer do seu bebê que ainda amamenta ou não ter compaixão do filho que gerou? Embora ela possa se esquecer, eu não me esquecerei de você (Deus falando em Isaías 49:15).

> Assim como uma mãe consola seu filho, também eu os consolarei; em Jerusalém vocês serão consolados (Deus falando em Isaías 66:13).

> De fato, acalmei e tranquilizei a minha alma. Sou como uma criança recém-amamentada por sua mãe; a minha alma é como essa criança (Davi falando de Deus em Salmo 131:2 NIV).

Jerusalém, Jerusalém, você, que mata os profetas e apedreja os que lhe são enviados! Quantas vezes eu quis reunir seus filhos, como a galinha reúne seus pintinhos debaixo de suas asas, mas vocês não quiseram (Jesus falando em Mateus 23:37 NIV).

Ruach, o nome do Espírito de Deus no original hebraico do Antigo Testamento, é feminino. A feminilidade de Deus está em todo lugar.

Um Deus transgênero é tão bíblico quanto possível. Eu sei que para muitos cristãos, essas palavras parecem confrontadoras, provocativas — e bastante blasfemas. Se você está entre eles, isso pode ser um sinal de que está ouvindo algo que suspeita soar verdadeiro, e desafia as perspectivas pelas quais você olhou para Deus e para outras pessoas por toda a sua vida. Eu entendo o quão aterrorizante essa crise de identidade de gênero de divindade pode ser (especialmente se você é um homem que sempre supôs que Deus também fosse um), mas vale a pena enfrentar esse desconforto e essa instabilidade, vale a pena estudar os versos e vale a pena considerar a ideia — porque, em última análise, entender Deus como apenas um homem cisgênero e heterossexual O reduz a algo confortável, algo facilmente administrável — e algo muito pequeno para ser Deus. Se realmente acreditamos que Deus criou *cada* ser humano que já andou pelo planeta e que cada uma dessas pessoas carrega o DNA de seu Criador, precisaremos repensar a história que herdamos. Talvez toda essa coisa de identidade de gênero e orientação sexual seja um pouco mais complexa e abrangente do que podemos entender de um poema de 4 mil anos de idade (Gênesis 1–2), e talvez devêssemos parar de usá-lo para destruir outras pessoas. Talvez, em vez de encolher Deus por mais tempo, precisamos liberá-lO deste espaço confinante dentro de nossas cabeças. E, por mais que seja difícil, talvez devêssemos expandir nossa própria imagem de Deus, de uma maneira que discuta com a nossa teologia erudita; porque, se o fizermos, isso pode nos tornar muito mais dispostos a tratar a humanidade diversa, que cruza nossos caminhos, com a reverência e o respeito que cada um deles merece — como feito por e sendo de Deus.

Desconstruir gênero ou, além disso, atribuir o gênero de Deus a uma ideia pode exigir uma reinicialização gigantesca em seu cérebro, especialmente se você passou algumas décadas com o cara virtuoso morando lá. Se, como eu, você passou centenas de horas em círculos de orações, ouvindo as pessoas copiosamente salpicando suas petições de louvores com a frase "Deus Pai", sabe como esses hábitos são difíceis de ser quebrados. Como deve ser difícil para um cristão caucasiano se despedir do Jesus branco, é igualmente desafiador para muitos se despedir de um criador viril; mas é importante que o façamos, para que possamos usar todo o espectro da sexualidade de forma igualmente sagrada. Deus é definitivamente não-binário, e isso realmente é uma boa notícia, porque significa que podemos ver o caráter desse Deus em todos os humanos que encontramos, sem exceção. É desonestidade intelectual dizer que todos os seres humanos são portadores da imagem do Divino e criados à semelhança de Deus — e ainda assim insistir que o Criador é um cara. Deus tem que ser gênero fluido, e essa é uma bela ideia para se estabelecer, porque o escopo e a capacidade do nosso amor crescem exponencialmente, como resultado. Nós nos tornamos mais liberais em nossa partilha desse amor e menos aptos a negar afeição a qualquer um, porque reconhecemos que todos somos formados pelas mesmas mãos que nós. Não precisamos acreditar que "Ele" tem o mundo inteiro nas mãos "Dele". Nós só precisamos confiar que estamos seguros.

Capítulo 6

MADE IN AMERICA

Reflita sobre Mateus 22:35–39:

> [Um deles, perito na lei] o pôs [Jesus] à prova com esta pergunta: "Mestre, qual é o maior mandamento da Lei?"

> Respondeu Jesus, "'Ame o Senhor, o seu Deus de todo o seu coração, de toda a sua alma e de todo o seu entendimento.' Este é o primeiro e maior mandamento. E o segundo é semelhante a ele: 'Ame o seu próximo como a si mesmo.'

> "Mas o terceiro mandamento supera [trump, em inglês] os dois", disse Jesus. "Você deve amar a América e torná-la grande."

Você não encontrará esse terceiro mandamento em nenhuma das dúzias de traduções, atualmente disponíveis, da Bíblia para o inglês. No entanto, você irá encontrá-lo implicitamente incorporado na teologia de dezenas de milhões de cristãos com quem você vive, adora, estuda e trabalha todos os dias. Parte do sistema operacional padrão em segundo plano que está administrando igrejas, impulsionando campanhas políticas e direcionando corações é a ideia de que Deus é americano e o evangelho foi escrito em vermelho, azul e branco. Se houver um único erro de interpretação que seja o mais responsável por distorcer a mensagem de Jesus e por produzir discípulos desamorosos nos EUA nos últimos 250 anos, é provável que seja esse. Uma religião centrada nos EUA é a gênesis singular da supremacia branca, do nacionalismo, da xenofobia e da retórica anti-imigrante que vivenciamos aqui. Embora não tenha, com certeza, sido criada em novembro de 2016, essa teologia distorcida está, sem discussão, em um renascimento prolífico e criativo desde então. De fato, se removermos o fervor de agitar bandeiras, defender fronteiras e o orgulho de ter nascido americano do sistema de crenças de muitos cristãos, não resta muito; e isso é um problema, porque muitas outras pessoas existem fora da fronteira de sua empatia e da natureza de seus cuidados, são muitas as maneiras de explorar e essa imagem imérita de superioridade, nas mãos da pessoa certa.

No momento em que sua campanha presidencial começou, Donald Trump prometeu "Make America Great Again" [Tornar a América Grande de Novo] e, no fim de 2016, 81% dos evangélicos americanos acabaram abraçando, de forma apaixonada, tanto ele quanto aquela mensagem — e foram amplamente responsáveis por sua ascensão à presidência.[1] Parecia claro, em suas entrevistas coletivas iniciais, seus tuítes antagônicos, e comícios incendiários, que a "grandeza" que Trump aspirava seria um país marcado pela acidez, inimizade, afastamento, intimidação, construção de muros e crueldade abjeta. Seria a construção de um condomínio fechado, fortemente murado, de crentes caucasianos assustados, aos quais ele facilmente convencia que eram atacados por todos os lados, por uma horda perigosa e diversificada de predadores invasores. Nos últimos anos, essa marcha rápida e grandiosa em direção à "grandeza" nacional foi visivelmente acompanhada por um afastamento

ABRAÇAR A TEOLOGIA "AMÉRICA PRIMEIRO"

UM EVANGELHO QUE NÃO É PARA O MUNDO TODO

coletivo da bondade, por hostilidade aos estrangeiros e surpreendente falta de compaixão por pessoas feridas e vulneráveis. Tudo isso ressalta esta dolorosa verdade: o bem não fazia parte do plano, desde o início. Mais triste ainda, muitos dos apoiadores evangélicos de Trump amenizaram toda essa malevolência amarga e divisiva, enquanto ainda reivindicam Cristo, abençoando um esforço para empurrar o mundo em direção à grandeza pela força e pela coerção, e afirmando que Jesus endossa tudo isso, sem explicações.

O problema com tudo isso é o próprio Jesus. Aparentemente, ele tem pouquíssimo interesse em tal supremacia determinada pela geografia, bênçãos de local de nascimento ou no poder acumulado, que provou ser um ponto de venda tão sedutor para tantos de seus seguidores. Ele falava dos últimos serem os primeiros, de se tornar servo de todos, de dar a vida pelos amigos. Ele afirmou valores inestimáveis de negar a si mesmo, curar os feridos, cuidar dos pobres, elevar os marginalizados, libertar os oprimidos, enxergar os esquecidos; de ser pacificadores, lavadores de pés, doadores de misericórdia, de dar a outra face. Ele não estava envolvido no esquema de construção da nação, mas na construção da comunidade; não na consolidação da riqueza, mas na distribuição e na garantia de que ninguém ficasse sem ela. Estava sempre fazendo o trabalho, de justiça social, de aterrar vales e nivelar montanhas. A vida de Jesus, como evidenciado nas histórias do Evangelho, foi um belo manifesto subversivo de pequenez, gentileza e bondade, reiterando, sem cessar, a sacralidade do sacrifício, a dignidade da humildade, a natureza redentora do perdão.

Mas essas coisas não são eficazes nem em slogans nem em bonés vermelhos de campanha, certo? Elas não se aproveitam do medo oculto no coração das pessoas, nem fabricam facilmente urgência em um grupo cada vez menor de pessoas sentadas no banco dominical. Apelos ao altruísmo não induzem religiosos preguiçosos à ação ao se aproveitar da imagem de um Deus furioso que distribui condenação. Não cutucam os lugares sensíveis da ansiedade e do ódio, não atiçam as chamas latentes do racismo e da homofobia, nem ressoam quando gritadas de trás de um púlpito. Não incitam o homem comum ansioso, e não apelam para o menor denominador comum. É provavelmente por isso que Jesus afirmou que o caminho do amor revitalizante era o mais estreito dos caminhos, e o motivo pelo qual tão poucas pessoas da igreja, relativamente abastadas, o adotam.

O personagem de Jesus não reúne o Cinturão da Bíblia, angaria o apoio de evangelistas populares ou enche megaigrejas reluzentes. Pior de tudo, não parece mais capaz penetrar nas almas de muitos cristãos professos — o que, para uma pessoa de fé, é a parte importante: a crescente irrelevância de Jesus em grande parte da tradição de fé que leva seu nome. Este é o grande pecado da igreja evangelista americana, nos dias atuais: normalizar, abraçar e celebrar o tipo de egocentrismo paroquial, insensível e arrogante, contra o qual Jesus veio falar para as pessoas — e isso cria uma religião tragicamente irônica, em que as pessoas proclamam descaradamente um evangelho invertido de privilégio e supremacia, que não tem nenhuma semelhança com as boas novas para os pobres e marginalizados que Jesus reivindicou como sua declaração de missão. Os cristãos que pregam a plenos pulmões a grandeza da América estão abandonando a bondade de Jesus Cristo, expulsando, de acordo com sua conveniência, pessoas decentes da religião organizada e, depois, culpando-as por irem embora — em vez de oferecerem hospitalidade a elas e convidá-las para algo que possa compeli-las a participar. Os tempos podem estar mudando, mas nem todas as pessoas de Jesus receberam o memorando.

O que testemunhamos em todo o país após o assassinato de George Floyd, em maio de 2020, foi um pouco animador porque, pela primeira vez em muito tempo, atraiu uma resposta díspar, que está acima de qualquer delineamento de afiliação política, tradição religiosa ou nível socioeconômico — incluindo muitos seguidores de Jesus, em todos os pontos do espectro ideológico. Tantas pessoas, que antes se relegavam à margem, entraram na briga, e os números e o fervor dos manifestantes comoveram de forma tangível o tribunal da opinião pública, espalhando ondas em todos os segmentos da cultura — incluindo a NFL, que resistiu ativamente por quatro anos às tentativas silenciosas e pacíficas de Colin Kaepernick de chamar atenção para as questões de racismo sistêmico e brutalidade policial, como a exemplificada na morte de Floyd. De alguma forma, esse momento se mostrou catalítico, enquanto tantos outros foram esquecidos das conversas após pouco mais de algumas horas de postagens nas mídias sociais com hashtags lançadas como fogos de artifício. No entanto, a indignação moral coletiva, que aponta para uma comunidade maior de formação de compaixão, foi reprimida pela realidade de que a objeção mais apaixonada a essa guerra contra a brutalidade e a injustiça social foi, e ainda é, proveniente de cristãos brancos, em grande parte.

Nunca deixei de crer que a maior resistência ao movimento Black Lives Matter, à equidade LGBTQ e a vários outros movimentos de direitos humanos vem dos seguidores de Jesus. Eles são, em muitos casos, os redutos mais barulhentos e conspícuos. Há momentos em que você percebe o quanto a Igreja se afastou da missão, e o quão grave é muitos cristãos perderem o rumo — e, muitas vezes, isso acontece quando você vê companheiros insólitos se reunindo: acordos que não deveriam ocorrer, afinidades que não deveriam existir, semelhanças que desafiam a lógica.

Uma manhã, enquanto refletia sobre o desanimador apoio cristão evangélico à retórica anti-imigrante de Donald Trump e à proposta de proibição de muçulmanos viajarem, tuitei estas palavras: *"Igualdade significa acreditar que uma criança que vive a 8 mil quilômetros de distância é tão preciosa quanto aquela que está dormindo no berço ao seu lado."* Acho que isso significa imaginar um Deus que *ama muito o mundo,* significa acreditar em um Jesus que afirmava habitar os corpos dos desprezados e dos esquecidos. Em pouco tempo, minhas notificações explodiram com respostas irritadas de cristãos conservadores (com os quais eu já tinha me acostumado e mal os registrei) e, por alguma razão, de vários nazistas também (que tendem a querer chamar a atenção). Levou apenas alguns momentos de investigação na linha do tempo para perceber que o tuíte havia sido compartilhado pelo herói supremacista da direita alternativa Richard Spencer, cujos fãs de botas pretas saíram rapidamente do porão de seus pais para lançar todo tipo de vulgaridade online em mim, por meio do anonimato seguro de contas falsas do Twitter, com fotos de tropas de assalto alemãs e citações fatalistas de Nietzsche. Eles marcharam em sintonia, como se tivessem o mesmo propósito de me chamar de vil e mau e me avisar que meu "judaísmo" estava se mostrando. (Não esqueça que eu não sou judeu; no entanto, Jesus *era,* mas isso é assunto para outro dia.) Eles começaram a me inundar com todo tipo de situações hipotéticas nas quais meu filho e algum garoto muçulmano imaginário estavam pendurados em um precipício e eu só poderia salvar um deles — uma "pegadinha" moral imaginária, ilustrando o que eles acreditavam ser as falhas inerentes à minha posição.

Essas respostas não me surpreenderam, vindas de mídias sociais do Quarto Reich, que vê tudo e todos pela perspectiva de sua superioridade percebida (e imerecida) com base em sua localização por GPS no momento do nascimento. Esse tipo de intolerância é o pão com manteiga de cada dia, o coração do evangelho da superioridade americana que eles abraçaram. Espero deles o ódio pelas pessoas não brancas e os estrangeiros, da mesma forma que conto com o AC/DC para

ACREDITAR QUE DEUS NÃO DEMONSTRA FAVORITISMO

AMAR AS PESSOAS ASSIM COMO JESUS

hinos perfeitos de três minutos, quatro acordes, punhos para o alto e estádios balançando. É o que eles fazem.

O feedback mais revelador e surpreendentemente negativo veio de Amy, uma mãe declarada de "Deus e da Pátria" que respondeu ao mesmo tuíte: "John, se você tivesse filhos, eu teria pena deles, porque você não se preocupa mais com eles do que com uma criança da Síria." Suas palavras ecoaram uma efusão semelhante à do pessoal autoidentificado como de Jesus, crente na Bíblia e temente a Deus. Foi pontuada por muito veneno, críticas familiares e genéricas da Fox News ao Islã e, claro, muitas referências a *tornar a América grande,* como Jesus faria. Esses cristãos (que supostamente adoram um rabino do Oriente Médio que nasceu em uma manjedoura e foi levado logo após o nascimento por pais fugindo do genocídio) correram para se juntar aos pseudofascistas ao afirmar a ideia de que as crianças na Síria não são tão importantes quanto seus filhos, que a humanidade não tem valor universal e que os EUA são, de fato, a prioridade de Deus — com certeza alheios aos sinais de alerta que tal acordo deveria causar, se eles estivessem prestando atenção. Eles não deveriam estar do mesmo lado dos nazistas e, no entanto, aqui estão eles, defendendo o mesmo ponto de vista assustador.

Suas semelhanças eram um sintoma da doença do coração, que muitos cristãos americanos herdaram ou adquiriram; sintoma esse revelado em um crescente nacionalismo cristão, bem como uma posição pró-vida estranha e altamente seletiva, na qual a vida não é apenas mais valiosa dentro do útero do que fora dele, mas também mais valiosa dentro dos EUA do que fora deles. No centro dessa inconsistência está uma crença, subconsciente e profundamente arraigada, de que uma criança *é* mais valiosa se sua viagem pelo canal do parto a despejar dentro de nossas fronteiras, em vez de fora delas. Para eles, mesmo que não consigam verbalizar ou não tenham consciência disso, "americano" é sinônimo de "sagrado." Foi o que significou a resposta de Amy e de muitos cristãos brancos ao meu tuíte. Eles assumem que o amor por um deve vir às custas de outro; refletem uma religião temente a Deus, que sugere que estão perpetuamente em perigo; e revelam uma fé enraizada na superioridade e na autopreservação, que gera hostilidade para com aqueles que vê como estranhos — o que acaba sendo um monte de gente.

Muito do evangelicalismo americano se tornou isso — o que é um problema. É um problema porque a linhagem de nossa tradição cristã remete a Moisés sendo salvo da limpeza étnica do povo judeu pelo faraó. É um problema porque a história dos israelitas é de uma fuga contínua da opressão violenta, como estrangeiros marginalizados e desprezados. É um problema, porque Jesus nasceu de refugiados temporários, fugindo desesperadamente do genocídio. É um problema porque o núcleo de seus ensinamentos era o maior mandamento (não a maior sugestão) de amar o próximo como a si mesmo — e essa destinação de *próximo* nada tinha a ver com geografia ou nacionalidade, mas com a humanidade, que reflete a divindade compartilhada. Reivindicar a fé cristã é aspirar a praticar o tipo mais radical de hospitalidade e a compaixão mais contraintuitiva pelo outro. Jesus foi um pregador de rua, itinerante, que modelou o amor sacrificial e que acolheu em sua mesa tanto o mendigo quanto o soldado, tanto o padre quanto a prostituta, tanto o judeu quanto o samaritano. É impossível imitar *esse* Jesus ao mesmo tempo que defende a exclusão, a supremacia localizada, a superioridade da pigmentação da pele ou a empatia limitada. Se quisermos que o amor seja o nosso cartão de visita novamente, teremos que tatuar isso em nossos corações, pregá-lo em nossos púlpitos e tuitar todos os dias, até que se apodere de nós. Teremos que reconhecer que Deus é internacional, multicultural e globalista.

E esse é o cerne da questão para os americanos que professam uma fé cristã: cedo ou tarde, você terá que escolher. Você simplesmente não pode ser tanto "porque Deus amou o mundo" quanto "América Primeiro". Uma dessas declarações terá que se submeter. Você não pode pregar um evangelho *para todas as pessoas,* enquanto despreza refugiados, estrangeiros e imigrantes, pois esses são movimentos contraditórios. Você não pode afirmar que "todas as vidas importam" e proteger apenas aqueles que compartilham sua pigmentação da pele. Você não pode ser totalmente pró-vida e defender sua supremacia com base em cor, geografia ou religião. Ou você acredita que todas as pessoas são feitas totalmente à imagem de Deus, sem exceções — ou não acredita. Ou você aspira uma benevolência sem condições, advertências, códigos de fronteira ou de cores — ou não consegue fazer isso. É moralmente impossível prometer, ao mesmo tempo, lealdade completa a Jesus e aos EUA. Em algum ponto, um deles vencerá e, quando sua posição religiosa sobre estrangeiros começar a se alinhar com um maléfico fascismo extremista, pode ser o momento de reconsiderar sua interpretação do Evangelho. Pode ser a hora de ver se você fez Deus em sua própria imagem americana caucasiana.

Não imagino que Amy, a mãe de "Deus e da Pátria", ou os cristãos como ela diriam que têm algo em comum com um neonazista descaradamente racista como Richard Spencer, mas há uma congruência perturbadora em sua hostilidade compartilhada para com não americanos, não brancos, não cristãos e no preconceito antissemita. O territorialismo agressivo do qual eles são coproprietários é alarmante, assim como a afirmação explícita ou implícita de que a vida, de alguma forma, vale mais se estiver mais perto de você. Não há nada de Jesus nisso. Sim, se Deus é tão grande quanto dizemos, e tão amoroso quanto defendemos, toda vida é igualmente valiosa, independentemente de sua proveniência ou local onde resida atualmente — e sim, falando em termos espirituais, uma criança a 8 mil quilômetros de distância *é* tão inerentemente bela e digna de proteção quanto a minha — e a sua. Se você é cristão e quer argumentar contra o que disse, vá em frente, mas terá que discutir com Jesus, enquanto também se alinha com a supremacia branca conforme fala. (Não tenho certeza de que seja um bom local para fincar sua bandeira teológica, e sei que é uma péssima maneira de espalhar a mensagem de amor de Jesus, além dos relativamente pequenos 16,3% das propriedades do mundo que os EUA ocupam.) Não há fronteiras para a verdadeira compaixão, também não há graus variados de valor humano — não importa o que Richard Spencer, Amy, Steve Bannon ou Donald Trump digam ou acreditam. Se a América *está* em primeiro, Jesus só pode ser um segundo muito distante. Para aqueles de nós que tentam amar as pessoas como Jesus as amou — isso simplesmente não funciona.

Capítulo 7

AH, NÃO, QUE INFERNO!

"Sinto saudades do inferno."

Foi uma admissão surpreendente do pastor de longa data de uma igreja, com mais de mil membros, em um bairro movimentado dentro dos limites da cidade de West Philadelphia, alguns minutos antes de um culto de domingo de manhã. Ele pontuou a declaração com uma risada profunda e gutural, mas não estava brincando; na verdade, parecia espantado com a admissão saindo de sua boca. "O inferno foi útil", ele disse, seu rosto ficando solene. "Quando eu podia tirar proveito do pecado e manter a condenação eterna como um lembrete constante, eu conseguia fazer com que elas fizessem quase qualquer coisa: se voluntariar, dar, evangelizar, votar — o que fosse preciso." Explicou que o medo era uma espécie de moeda, uma ferramenta santificada, consagrada e aceitável de extorsão espiritual, explícita ou inconspícua. Ele continuou me dizendo que, quando a sua própria fé mudou, e sua comunidade fez uma transição lenta com ele para uma teologia mais progressiva, ele perdeu a capacidade de energizar as pessoas com facilidade, por meio da ameaça existencial — e, de certa forma, ele sentia falta de algo catalítico semelhante para mover coletivamente seus fiéis, lamentando que sua

VIVER COM MEDO DO INFERNO

PERDER UMA VIDA DE AMOR

congregação (embora cheia de seres humanos engajados, que se preocupam profundamente com o mundo) fosse muito mais passiva do que antes de parar com a questão de condenação.

É por isso que o movimento evangelista conservador nos EUA é capaz de reunir a sua base para votar em candidatos extremistas, abraçar teorias da conspiração sem sentido, tolerar o comportamento abominável dos líderes ou justificar a crueldade aparentemente conflitante em relação às pessoas: eles estão com medo de errar e irritar Deus. O medo da tormenta eterna (ou o impulso para ajudar outras almas menos íntegras a evitá-la) tende a levar os religiosos além do que parece razoável para os crentes mais moderados, ou para os irreligiosos — e, embora possa ser eficaz em mobilizar o alcance evangélico ou mover os blocos de votação, faz pouco para perpetuar qualquer coisa verdadeiramente amorosa, porque valoriza mais a conversão que a conversa. Além disso, também está levando a um êxodo da religião organizada e não podemos ignorar isso.

Mas como pessoas de fé, moralidade e consciência, mais do que simplesmente reconhecer essa preocupação doentia de não entrar no inferno, também precisamos fornecer uma alternativa igualmente atraente — algo erguido em torno de um tipo diferente de urgência. Precisamos criar comunidades onde seres humanos profundamente espirituais possam se reunir, pessoas que sabem que, para os famintos, a salvação é um prato de arroz e feijão, e para os imigrantes exaustos no mar, uma cama macia em terra firme. O futuro da religião organizada tem que ser construído com base em algo mais redentor do que evitar a condenação. Tem que ser capaz de incentivar as pessoas para além de escapar da ira, porque essas retribuições são cada vez menores e muito mais fáceis de usar como uma arma contra aqueles de quem não gostamos.

Eu conversava com um grupo de adolescentes de nossa igreja e um deles compartilhava as tensões que estava sentindo em relação a um amigo, cujas fobias mordazes sobre pessoas LGBTQ o frustravam. Ele disse: "Honestamente, eu sinto como se tudo em que ele acredita e faz é porque tem medo de ir para o inferno, e pensa que isso o protegerá. É como se ele tivesse medo de Deus." Esse adolescente estava com a mente no lugar certo.

De qualquer modo, a existência do inferno não parece incompatível com o caráter de um Deus cuja característica definidora é o amor? Como alguém pode ser amoroso, afinal, ao infligir sofrimento a alguém por quem, em teoria, deveria ter afeição ilimitada, não importa como essa pessoa seja? Jesus de fato pinta uma imagem vívida e assustadora de um lugar doloroso desconectado de Deus[1] (embora essa ideia não esteja em parte alguma das Escrituras); no entanto, traduzir essas imagens para as trincheiras da vida cotidiana é uma tarefa assustadora e infrutífera. Eu acho que o caminho para o inferno é pavimentado com a ideia do inferno. Uma vez que aderimos a isso como realidade, a decisão seguinte que precisamos tomar é: quem vai para lá e por que vai para lá? Quais são as regras precisas e as letras miúdas da condenação? É necessário uma profissão de fé ou oração do pecador para um alívio, ou depende de como você trata as pessoas vulneráveis? A libertação é baseada em crença ou comportamento? A Bíblia corrobora com ambas as possibilidades (Marcos 16:16; Mateus 25:31–46), na qual os escritores dos Evangelhos oferecem respostas muito diferentes — então, como decidimos onde está a salvação e quem pode desfrutá-la? Se não conseguimos chegar a um consenso claro sobre como uma reserva para o inferno é garantida, talvez devêssemos aceitar a imprecisão e relutar em empunhar nossa verdade como uma arma. Cada segundo que passamos tentando decodificar as imagens das palavras poéticas de Jesus sobre o que acontece depois que morremos é um segundo a mais que poderíamos estar incorporando obedientemente suas

instruções prolíficas, e muito mais explícitas, sobre equidade, perdão, generosidade e justiça social: a criação do céu aqui na terra.
Assim como Jesus, tudo que carrega o nome *Cristão* precisa deixar
as pessoas com mais dignidade e cuidado, com feridas curadas e
estômago cheio, com medos acalmados e preocupações aquietadas.
Precisa fazer as pessoas se sentirem valorizadas, ouvidas e compreen-
didas. Como a vida de Jesus, precisa deixar um rastro de bondade,
gentileza e compaixão. Se estivermos perpetuamente empenhados
em compartilhar, curar e restaurar enquanto estivermos aqui, e confiarmos que o amor de Deus é algo do qual nada pode nos separar,
também podemos ter fé no que virá no pós-festa.

Então lá estava eu, em uma ensolarada tarde de domingo, no parque canino local, andando na ponta dos pés, cauteloso, através
de um campo minado desordenado de bolsas fumegantes de "presente" canino. Caminhávamos ao lado de nossa mistura de pastor
holandês de 8 anos, Zoe, discutindo o destino eterno das almas
humanas com completos estranhos, o que é super normal — e eu
estava prestes a embarcar com tudo nessa aventura. Alguns momentos antes, conheci um jovem casal que acompanhava seu filhote de
terrier, afável e ligeiramente arisco, e permitimos que nossos filhos
peludos se apresentassem com uma troca de fungadas no traseiro e
adoráveis espreguiçadas em convite à brincadeira. Depois de uma
breve conversa com o casal, contei a eles sobre meu ofício e, como
acontece com frequência, começamos a conversar sobre nossa fé
cristã compartilhada. Eles me disseram que eram estudantes no
seminário batista local, no sul, e meu sentido aranha de perigo começou a disparar por uma boa razão. Com meros três minutos de
conversa, a mulher sorriu amplamente e, em um estranho momento
desconexo, disse: "Eu sou muito grata a Deus porque Ele me amou
quando eu merecia o inferno." Já ouvi essas palavras centenas de
vezes antes, claro; no entanto, encontrá-las aqui, sem o contexto

correto de um culto de igreja ou estudo bíblico, foi particularmente chocante para os meus ouvidos e desencadeou uma resposta intempestiva, que saiu imediatamente dos meus lábios, sem dar tempo para editar ou suavizar.

"Você merecia?" Perguntei. "Você merecia o inferno… só por ter nascido?"

"Sim", ela respondeu com naturalidade, como se a pergunta não a perturbasse nem um pouco. "A Bíblia diz que eu nasci do pecado e fui separada de Deus por causa disso."

Eu a pressionei, sabendo que isso poderia ser uma proposta confusa, mas nossos cães estavam se dando bem, por isso arrisquei. "Então Deus a fez amorosamente e a colocou aqui, em um mundo que você nunca esteve — mas a desprezou por algo que duas pessoas supostamente fizeram milhões de anos antes de você nascer? Deus guardou rancor contra você pela falha de seus ancestrais?"

"Não." Ela tentou esclarecer, como se tivesse sido mal interpretada. "Deus me *amou*, então mandou Jesus para me salvar de meu pecado."

Claramente, aquilo não estava indo bem. Eu acho que Zoe também tinha sentido, porque ela me puxou com força em direção à saída, mas eu resisti e continuei, para sua consternação. "Mas Deus não poderia ter perdoado você (e a todos nós) preventivamente, *sem* precisar de Jesus e de sua morte, e sem que você precise acreditar em nada disso ou fazer qualquer oração?" Continuei, sem pausar por muito tempo, sem espera de resposta. "Ele não poderia simplesmente ter perdoado e esquecido — e, se não, Ele não estaria, na verdade, apenas salvando você de si mesma, de qualquer maneira?"

As coisas ficaram estranhas. Houve um silêncio prolongado, o marido pareceu desconfortável e tenho certeza de que vi Zoe revirar os olhos. Esse era o tipo de borrada que você não pode raspar facil-

UMA COMPREENSÃO EXPANDIDA DO AMOR DE DEUS

VENDO SUA BONDADE INERENTE

mente da sola do sapato com um pedaço de pau. Esperava que um dos cães pudesse se aliviar, para quebrar a tensão. Antes que eu pudesse preencher o silêncio desconfortável com mais palavras, a mulher conseguiu dar um sorriso tenso antes de fazer uma saída desajeitada com seu cachorro (e o marido, que, depois percebi, não havia dito uma palavra) a seguindo. Eu não pretendia ser irreverente ou desrespeitoso com ela, mas também percebi como minhas perguntas foram recebidas, porque eu estive do outro lado delas quando vivia confortavelmente na ortodoxia, e era confiante demais em uma narrativa herdada, que eu não tinha analisado. Eu tinha acabado de divergir de uma história que ela adorava e na qual havia investido, e realmente queria que fosse verdade. Meu inquérito não foi apenas um interrogatório desconfortável — foi uma ameaça existencial, um ataque espiritual sobre o qual ela havia sido alertada por pastores, amigos da igreja e evangelistas famosos. Ela teve um confronto com um verdadeiro esquerdista radical herético, que ela teme que esteja condenado. Ela sentiu pena de mim. Eu retribuí o sentimento.

É preciso cumprir vários requisitos para condenar alguém ao inferno: você precisa acreditar em Deus; imaginar que conhece o caráter de Deus intimamente; concordar que Deus criou um lugar para onde Ele enviaria seres humanos para uma eternidade horrível e torturadora; ter certeza de que conhece os requisitos extensos e precisos para tais sentenças; ter certeza de que a pessoa que você está condenando atende a essas condições e, acima de tudo, estar totalmente convencido de que você não as cumpre. Eu afirmaria que, se alguém atinge todos esses padrões, este alguém provavelmente é Deus; e, se não atinge (e ainda tiver coragem de dizer a alguém que irá para o inferno), provavelmente é um ser humano insuportável. É quase impossível amar ao próximo como a si mesmo se você acredita que o próximo está impenitente e vivendo em pecado, e isso o desqualifica da proximidade de um Deus com quem você tem intimidade. Intimidar alguém com a premissa do inferno lhe torna incapaz de ter o tipo de familiaridade que o amor exige, o tipo que vê verdadeiramente as pessoas.

Vivi boa parte de meus anos de formação certo de que o inferno era real e tentando desesperadamente saber como evitá-lo. Foi simplesmente algo que aceitei como parte do meu Kit de Iniciante no Cristianismo e incorporei à minha visão de mundo religiosa, à minha teologia padrão e à minha espiritualidade de trabalho. Isso moldou minha compreensão de mim mesmo e guiou a estratégia de abordar os outros, às vezes me transformando em um idiota paradoxal que se odiava. Mas a cada dia que passava, na última década, pouco a pouco comecei a sentir a erosão da certeza inabalável de algo, que antes parecia tão crítico e inegociável para meu sistema de crenças, mas que se tornou cada vez mais contraditório em minha mente: *condenação eterna nas mãos de um Deus, em teoria, amoroso.* Nesse momento de minha jornada espiritual, e em minha compreensão atual do caráter de Deus e meu estudo das Escrituras, simplesmente não podia mais reconciliar essas duas coisas. Por mais que eu tenha tentado (e acredite, como um legítimo menino católico bom e culpado, eu tentei), só não encontro paz em um Criador que nos daria a vida e nos obrigaria a passar grande parte dela procurando uma agulha espiritual no palheiro, para evitar a tortura pela eternidade em nome do amor intenso. Essa descrença não é uma decisão consciente e não veio sem décadas de orações, estudos e reflexões; logo, ninguém pode argumentar contra ela ou contextualizá-la, nem utilizar citações desconexas contra mim, e também não me constrangerão a mudar. É mais uma rendição à resposta involuntária do meu coração, à medida que caminhei na fé e vivi em busca de Jesus.

Certamente, lutei com essas questões antes da minha reunião "venha–para–Jesus" no parque de cães, mas encontrar aquela jovem e ouvir sua confissão de fé ali, no cair da tarde e cercados por cães e seus donos, enquadrou tudo de maneira que, por fim, ressaltou em letras maiúsculas e negrito o que me deixava tão inquieto: ela acredita que é inerentemente impura e merecedora de punição. *Graça maravilhosa, quão doce o som, que salvou uma miserável como eu!* (música *Amazing Grace*). A depravação da humanidade é um dos pilares centrais da história da fé para essa moça e tantas outras pessoas. Isso causa certa tristeza em mim agora, não apenas porque coloca uma voz que nos condena em nossa cabeça, mas porque nos torna muito mais propensos a condenar e a julgar outras pessoas, que na verdade só precisam de nossa presença marcante e amorosa em suas vidas, uma vez que estas já recebem muitos danos colaterais. Essa mulher passeando com seu cachorro e conversando comigo naquela tarde viveu aquela *mesmíssima* história de Deus com muita paixão — uma história centrada em sua própria doença inerente. Eu também a tinha vivido. Milhões e milhões de cristãos viveram e estão vivendo isso agora. Eu simplesmente não posso mais ser um deles e ser honesto ao mesmo tempo.

Percebo que muitos de vocês devem estar dizendo: "Mas, John, este é o centro da história cristã: criação, queda, pessoas errando e Deus enviando Jesus para tirar a penalidade do pecado." Eu sei que dizer o contrário é heresia para alguns de vocês. Eu compreendo. Essa foi minha história desde que me lembro, mas estou menos convencido do que é mais útil na produção de seres humanos melhores, ou para tornar o planeta mais amoroso.

E sim, se essa *é* a sua história atual, por favor, lembre-se de que respeito sua jornada, mas, antes de pesquisar meu e-mail no Google ou me procurar nas redes sociais para lançar as bombas santas em forma de suas citações favoritas das Escrituras para mim, saiba que eu já li todas, as estudei, as esmiucei, as compreendi e vivi com elas por vinte anos — e literalmente fiz um design, imprimi e comprei a camiseta. Que o conceito de inferno seja parte da ortodoxia de muitos cristãos e um elemento básico da história recente da Igreja não me revela nada — e não alterará as minhas conclusões, tampouco. Uma vez ouvi que há uma verdade da qual você não pode prescindir, uma vez que a experimentamos. Este é o lugar de onde eu falo e acredito agora, mesmo que haja instabilidade. Nos lugares tranquilos onde busco, rezo e encontro Deus, o *abismo que chama abismo*[2] diz: "Não há medo em Mim. Você é amado. Eu me regozijo em você." Você pode montar ataques violentos de teologia sistemática e doutrina dogmática, e eles não serão mais altos do que essa voz. Todo dedo acusatório e ameaçador e socos no púlpito decerto falharão em causar um inferno em mim. Você pode me rotular de falso profeta e rebelde pródigo e eu estarei satisfeito com a realidade de que sou simplesmente um discípulo honesto e trôpego, tentando encontrar a verdade mais autêntica e vivê-la. E, se meu coração está enganado em tudo isso, confio que Aquele, a quem tanto me esforço para ouvir, saberá, mais do que qualquer outro ser humano, da intensidade com que tenho buscado e meus desejos honestos, e me dará passagem segura para o que quer que se assemelhe à glória. Se o amor perfeito que expulsa o medo *é* real, é assim que se apresenta; um perdão mais implacável do que meus fracassos.

Sim, amigo, você e eu certamente somos falhos, fragmentados e todos os tipos de coisas que, às vezes, fazem outras pessoas fugirem de nós, com razão; mas eu não acredito que somos fundamentalmente desprezíveis. Não nascemos miseráveis. Não somos inimigos de Deus desde a concepção. Não somos imundos desde o útero, com base nas ações de duas pessoas que nos precederam há milhões de anos. Nós não merecemos o castigo eterno sem razão, ninguém merece. Acho que, se abrirmos mão dessa história de condenação, teremos muito menos probabilidade de tratar outras pessoas como o diabo. Isso parece um toque do céu.

Capítulo 8

DEIXE-OS COMER O BOLO

Não tenho certeza do que há de errado com o bolo que aterroriza tanto os seguidores de Deus com fobia. Talvez o glúten; muitas pessoas parecem ter problema com isso. Viu-se, nos últimos anos, um aumento vertiginoso de notícias e casos legais como o do Masterpiece Cakeshop,[1] envolvendo cristãos professos que se recusam a fazer bolos de casamento para casais LGBTQ, alegando que tal ato é incompatível com suas convicções religiosas. Recentemente, também me deparei com a história de uma menina de 15 anos, que foi expulsa da escola cristã do Kentucky por causa de uma postagem compartilhada por sua mãe em uma mídia social: uma foto da garota sentada na frente do bolo de aniversário de arco-íris, que ela pediu para comemorar a ocasião com a família.[2] Os diretores da escola determinaram que a foto da adolescente (que também vestia uma camisa listrada de arco-íris) sugeria sua afinidade com uma agenda subversiva e enviava uma mensagem problemática, não alinhada com a postura teológica da escola. Fiquei impressionado com o fato absurdo de que *o arco-íris era um alerta para os cristãos*. Há uma ironia trágica quando o símbolo visual, na história do Antigo Testamento, do amor expansivo e avassalador de Deus por toda a humanidade (embora depois de uma demonstração de raiva horrível) se torna uma imagem controversa e usada para excluir. Ela ressalta o medo irracional no coração da religião sem amor: uma garota de 15 anos, com um bolo, pode ser considerada uma ameaça que exige expulsão — e, pior, eles podem decidir que isso é, de alguma forma, uma resposta amorosa e que honra a Deus.

Como uma pessoa, organização ou denominação que professa a crença na Divindade, definida pela graça, ficou tão aterrorizada com outro ser humano com base em sua identidade de gênero, a cor de sua pele, sua orientação sexual, sua nação de origem, a ponto de jogá-la na periferia da comunidade e, por fim, expulsá-la? Geralmente, é o ódio herdado que se torna naturalizado. As pessoas são afastadas por um fanatismo geracional ao qual gradualmente se acostumam. Esse tipo de exclusão é o fruto podre de uma narrativa herdada, sobre um forasteiro perigoso, tão perpetuado no Cristianismo do Cinturão Bíblico: a ameaça *estrangeira* (em quaisquer definições) avança rapidamente e, com certeza, superará os bons, tementes a Deus e "normais" locais. Muito da pregação evangélica, da mídia partidária de direita e da política conservadora perdura nessa história de ameaça iminente. Inerente a esse mito está a suposição de que caucasianos, americanos republicanos e heteronormativos são a base moral: um "povo escolhido" por meio de textos censurados e embranquecido, que está cumprindo o nobre propósito de Deus para tornar os EUA grandiosos. É a variação de um assunto que fundamentalistas de muitas religiões utilizam em suposta defesa de Deus e de Seu povo — de quem sempre se consideram Seus representantes e únicos defensores de Seus caminhos —, o que justificaria utilizar as medidas que julgarem necessárias, não importa o quão cruéis ou discriminatórias pareçam ser, ou sejam, de fato. Essa elevação moral autodeclarada faz com que submeter uma adolescente à humilhação e à perturbação repentina e desorientadora de ser retirada de seu círculo de amigos seja não apenas razoável, mas justo.

É desconcertante o suficiente quando alguém comete um ato injurioso e diz que o diabo lhe mandou fazer aquilo — mas é de revirar o estômago quando alguém afirma que foi Deus quem ordenou. Tal discriminação maliciosa em nome da fé, como a vivida pela adolescente do Kentucky, lembra, de maneira gritante, ao mundo observador, já cético em relação a pessoas e instituições religiosas, que há poucos seres humanos tão inimaginavelmente malévolos e reacionários quanto

MEDO DA DIVERSIDADE OU DIFERENÇA

FÉ ENRAIZADA NA EXCLUSÃO

aqueles que professam imitar um Jesus compassivo e de coração aberto. Este tipo de teologia paradoxal permite que as pessoas destoem quase completamente da própria essência do movimento, que supostamente tentam representar, enquanto são arrogantes e presunçosas. Na incubadora dessa teologia heterossexual, branca e centrada nos EUA, é claro que o nacionalismo emerge, que a homofobia e a transfobia se fortalecerão e é claro que os devotos ficariam aterrorizados o suficiente para terem gatilho por conta de um bolo de aniversário multicolorido e sentiriam a necessidade de separar uma jovem de sua comunidade. Surpreendentemente, o diabo não é mais uma serpente falante, oferecendo frutas, ou um manipulador sobrenatural, tentando Jesus no alto de uma montanha, e sim um aluno do décimo ano com amor por confeitos de cores ousadas. Quando seu Deus encolhe, seus demônios tendem a se multiplicar, o que é uma boa maneira de identificar pessoas com divindade subdimensionada: o que ou quem eles querem eliminar?

Sujeitar alguém a esse tipo de exclusão e ser expulso devido a quem ele ama ou por causa de sua identidade de gênero (ou mesmo por sua aliança com comunidades vulneráveis) não é apenas absurdo em um nível básico — na prática, é um evangelismo realmente ruim, terrível como relações públicas e péssimo em purificar pecados. Há de se convir que, se de fato acreditassem que ser gay fosse pecado, que casais do mesmo sexo estivessem pervertendo o plano de Deus para o casamento ou que adolescentes transgêneros estivessem em perigo de condenação eterna — seu maior e mais premente fardo seria manter as pessoas LGBTQ amarradas a uma comunidade genuína, amorosa e permanente. Se, de fato, eles estivessem em uma estrada estreita para a morte certa, imagino que você provavelmente desejaria que estivessem conectados a uma igreja onde pudessem experimentar o amor ilimitado de seu Deus próximo a eles — em vez de rejeição brusca, remoção rápida e acusações à distância. As pessoas de fora da religião organizada veem o quão ridícula e contraintuitiva essa expressão de fé perpetuamente amedrontada é na verdade. Se eles acreditam ou não em Deus, sabem que qualquer entidade digna do título de *Ser Supremo* não condenaria bolos de aniversários, copos da Starbucks e palavrões em filmes — apenas discípulos com insegurança eterna em relação a um Deus minúsculo no qual eles não confiam, de modo algum, para fazer o trabalho Dele. As pessoas não religiosas entendem, precisamente, que afastar alguém é um método bastante terrível de direcioná-los para algo que supostamente é vivificador; que castigá-los, enquanto os convida para um lugar doloroso, e depois condená-los por rejeitar, e com razão, parece uma forma perversa de agressão.

Eu imagino se os funcionários da escola no Kentucky realmente pensaram em sua resposta, com cuidado, ou se foi uma simples reação emocional instintiva, nascida da histeria do momento, ou se foi sob pressão de alguns pais influentes. Pergunto-me se eles já se imaginaram no lugar da garota que expulsaram. Há poucos momentos mais turbulentos e desorientadores do que a adolescên-cia, quando a necessidade de uma comunidade autêntica está no auge e os aparentes líderes espirituais desconectarem uma jovem dessa fonte crítica de significado, em nome de um Deus que é su-postamente feito de amor, mostra uma capacidade impressionante de perder o foco. No entanto, esse parece ser o *modus operandi* da religião temente a Deus que está surgindo nos dias de hoje nos EUA: remoção. Expulsar adolescente suspeito de ser LGBTQ, mandar refugiados de volta, fazer muro para isolar estrangeiros, negar a cobertura de saúde, afastar o mendigo, silenciar o dissidente — e, no entanto, nos Evangelhos, vemos repetidamente um Jesus que convida, pregando uma teologia de convite, uma doutrina de me-sas maiores e abraços mais amplos. Eu acho que as pessoas de fé, moralidade e consciência precisam ser quem arruma as mesas, os padeiros, os confeiteiros — caso contrário, o que quer que acreditem permanecerá pequeno demais para realmente expandir corações de uma maneira que acolha, alimente e ame as pessoas dentro de uma comunidade amorosa, não fora dela.

Nas últimas duas décadas como pastor de estudantes, sentei com, e ouvi, centenas de jovens LGBTQ; via de camarote a violência que a Igreja produzia: depressão, automutilação e isolamento. É o que me entristece, talvez mais do que qualquer outra coisa que encontro neste trabalho. É um desperdício tão grande que vastos recursos sejam gastos pelos cristãos lutando, sem pausa, uma batalha que não produz frutos redentores; que na verdade exacerba a marginalização das pessoas; que gera dor desnecessária — uma guerra que Jesus não pede a eles para travarem, para início de conversa. Em todos os Evan-gelhos, Jesus jamais condena ou reprime alguém por sua identidade de gênero ou orientação sexual. Entretanto, Jesus *disse*, centenas de vezes, que veio para ajudar os pobres e oprimidos, que aqueles que o amassem deveriam cuidar dos pequeninos, ter grande amor pela humanidade, garantir a justiça e introduzir a equidade. No entanto,

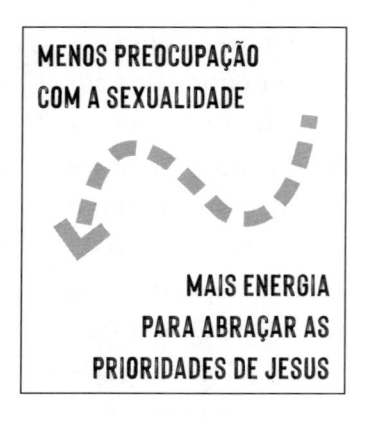

MENOS PREOCUPAÇÃO COM A SEXUALIDADE

MAIS ENERGIA PARA ABRAÇAR AS PRIORIDADES DE JESUS

não vejo paixão igual por essas coisas nos seus seguidores mais fóbicos, e esse é um dos pecados mais imorais de que a Igreja é culpada. Se os evangélicos tivessem apenas uma fração da incumbência de acabar com a pobreza, a fome, o racismo sistêmico ou a intolerância, assim como o têm com o policiamento dos quartos dos companheiros LGBTQ, banheiros e partes dos corpos, teríamos pouquíssima pobreza, fome, racismo ou intolerância — e a oração de Jesus, para que a terra se parecesse mais com o céu, estaria se materializando em nosso meio, e uma movimentação tangível de Deus seria inconfundível. Mas aposto que essas *outras* coisas invadem demais o lugar de conforto das pessoas, que são mais inconvenientes, a nível pessoal, e muito mais desgastantes do que simplesmente dispensar um completo estranho, baseando-se em quem e como ele ama e imaginando que estão sendo justos no processo.

Todos os dias, eu lamento a forma como o cristianismo está colocando as pessoas LGBTQ em sofrimento indevido, a insensibilidade dos corações de tantos daqueles que reivindicam Jesus, e as desculpas que damos para fazer tudo, menos o que Jesus realmente nos pediu para fazer. E, com certeza, isso não é amor.

Existem poucas regras no mundo sem exceção, mas se há uma que encontrei, e é universalmente verdadeira, é a de que se alguém está pronunciando a frase *ame o pecador, odeie o pecado* — o faz sendo abjetamente terrível com outro ser humano, tentando se parecer muito menos horrível no processo. Essas seis palavras são responsáveis por mais cristandade sem amor do que qualquer outra combinação registrada na história — e, não surpreendentemente, elas não existem nos ensinamentos de Jesus, nem nos primeiros escritos da Igreja originados no começo de sua existência. A frase é uma invenção inteligente da Direita Cristã, adotada, em particular, nas últimas décadas por quem se autointitula cristão, como uma desculpa para excluir seres humanos LGBTQ da comunidade espiritual, para justificar a negação de seus direitos civis, para defender atos impensáveis de violência contra eles — e alegar que isso é um ato de amor, em nome de um Deus bom.

De certa forma, é um golpe de mestre da ilusão em massa santificada: convencer as pessoas religiosas de que estão fazendo algo para "o próprio bem" de uma pessoa moralmente comprometida, desqualificando, de antemão, as críticas à crueldade de seus métodos ou às objeções razoáveis daqueles que estão sofrendo com suas ações. Esse tipo de transferência teológica de responsabilidade os libera para adotar comportamentos, que de outra forma seriam repreensíveis, porque eles foram informados com antecedência que são justos — razão pela qual os seguidores professos de Jesus podem insistir firmemente que estão *amando* as pessoas LGBTQ, as quais, na verdade, não estão se sentindo amadas por suas palavras ou seus modos e sim experimentando traumas em sua presença. "É claro que eles não gostam do que eu tenho a dizer", respondem esses autodeclarados policiais da moral, "pecadores nunca gostam de enfrentar a justa correção de Deus". Os cristãos armados com o ímpeto declarado de *ódio ao pecado* muitas vezes racionalizam sua discriminação, comparando-se a um pai que dá "amor bruto" a uma criança; ignoram a própria arrogância enorme ao sugerir que seres humanos adultos com quem muitas vezes não têm nenhum relacionamento ou reconhecimento podem exigir sua supervisão e disciplina. Embora Jesus instruísse seus discípulos a usar um espelho ao invés de uma janela na busca de imoralidade a qual se ater,[3] esses "pecadores do amor" podem justificar a fixação exclusiva em outra pessoa e nunca questionar se eles de alguma forma se assemelham ou não a Jesus.

Quando meu filho Noah era pequeno, em vez de dizer que o amava, comecei a perguntar-lhe: "Quem te ama?" E ele respondia com um sorriso radiante e grande exuberância: "Papai!" E eu aplaudia, sorrindo abertamente e dizia, "Sim, ele ama!". Sim, a pergunta era ludicamente retórica, mas, no lugar de simplesmente expressar meu amor por ele e assumir que não se perdeu na tradução, eu queria ter certeza que ele *se sentia* amado por mim, saber que estava recebendo o que eu pretendia lhe dar.

Não acho que os cristãos fazem isso com frequência suficiente com muitas comunidades vulneráveis, mas principalmente com a LGBTQ. Não prestamos atenção. Dizemos às pessoas que estão erradas em se sentirem desumanizadas e desprezadas, em vez de nos perguntarmos se fazê-las se sentir assim é realmente uma questão de moralidade. A dissonância cognitiva clara e irritante dos cristãos perpetradores de violência fóbica, que insistem que estão amando seres humanos LGBTQ, apesar das respostas acaloradas negando aqueles que se identificam dessa forma, é útil para pensar sobre o que constitui um ato amoroso, independentemente de nossas inclinações teológicas, das pessoas que nos ouvem ou com quem temos alguma relação. Qualquer que seja a nossa tradição religiosa, geralmente imaginamos que nossos erros pendem para o lado da bondade e da decência quando encontramos pessoas de quem discordamos, simplesmente porque gostamos de pensar em nós mesmos como pessoas boas e decentes — mas isso é apenas metade da equação. Como todos somos propensos, com razão, ao autofavoritismo, a história que contamos a nós mesmos é incompleta sem a contribuição dos outros. O amor é fundamentalmente relacional, e não conseguimos avaliar nossas ações apenas por nossas declarações (eu estou amando) ou intenções (eu quero ser amoroso). Também precisamos considerar a experiência daqueles que recebem nossas ações (as pessoas *se sentem* amadas por mim? E, caso contrário, por que *não*, especificamente?).

A Regra de Ouro de fazer aos outros o que você faria consigo mesmo realmente começa a desmoronar se alguém diz que o que nós estamos *fazendo com ele* é prejudicial e nós o ignoramos — a menos que, de alguma forma, prefiramos sofrer os mesmos danos. Se eu pensar que sou um esposo amoroso sem jamais perguntar à minha mulher se ela realmente se sente amada por mim (ou ignorando-a se ela me diz que não sou amoroso), estou perdendo uma metade realmente importante da equação relacional. Eu preciso me responsabilizar por ela, como parte integrante de nossa interconexão mutuamente respeitosa. A pureza ou nobreza de nossas intenções em si não é suficiente, não importa o quão confiante estejamos. Não importa o quanto os cristãos fóbicos acreditem sinceramente que são "pecadores do amor", se eles ignoram a dor expressa pelas pessoas LGBTQ — e não importa que digam a si mesmos que estão apenas enfrentando um comportamento imoral em nome de Deus, se os métodos que usam causam danos maiores. Jesus nunca interage com pessoas como se fossem princípios morais abstratos, mas sim seres sagrados e únicos, e sempre reafirma suas humanidades ímpares, à medida que seus caminhos se cruzam. Imagino quais justificativas para "odiar o pecado" damos quando distribuímos condenação, fazemos julgamento ou confrontamos comportamento.

Hoje, recebi um e-mail similar a um que recebo centenas de vezes por ano. Era de um homem que não conheço e com quem nunca tinha conversado antes. Os nomes e os detalhes dessas mensagens variam, mas a linha de assunto é constante; ostracismo, ódio a si mesmo e medo de um Deus supostamente amoroso — tudo fornecido por cristãos odiosos.

Ele escreveu:

Estou em conflito. Sou gay e preto e só busco o amor, a graça e a misericórdia de Deus. Estou cercado por um grupo de pessoas que pregam o ensino batista tradicional de sofrimento eterno no inferno. Tento, diariamente, alcançar a graça e o amor de Deus, mas sinto que, por ser gay, não sou digno e nunca prosperarei. Não sou merecedor da felicidade? Estou tão errado por ser gay? Acredito que Deus nos faz quem somos, mas os cristãos me dizem que estou escolhendo esse caminho. Que escolha? Se tudo está definido antes de minha concepção, então que escolha tenho? O que devo fazer se Deus conhece meus movimentos antes que eu os faça? Deus sabe o resultado. Onde está a verdade nisso? A religião me abandonou, e estou em um caminho incerto. Você poderia dar algum conselho? Deus realmente me ama? Devo cair sob a palavra de pessoas que afirmam que são profetas, ministros, videntes de Deus — ou estou completamente condenado?

Não lhe direi como responder teologicamente a este homem e a suas perguntas, porque, de muitas formas, a sua teologia é irrelevante — exceto uma apologética de empatia que reconheça a dor de outra pessoa e que traga conforto. Independentemente do que você acredita sobre sexualidade, estou pedindo que considere o sofrimento desse homem, e de multidões como ele, que carregam a condenação, o medo predominante de Deus, com quem vivem, e então decida como o amor quer que você responda — a ele e a milhões de pessoas igualmente atingidas, que passam por você nas ruas, o servem em restaurantes, estão atrás de você na fila do caixa e enchem a sua linha do tempo das mídias sociais. O Evangelho de Mateus nos diz que Jesus viu as multidões e se compadeceu delas, "porque estavam aflitas e desamparadas".[4] Ele viu sua condição interna, o que o mundo fazia com elas, como foram afetadas por essa vida, e foi motivado a tra-

zer-lhes conforto, tranquilidade e plenitude. Se você está usando a Bíblia para fundamentar sua justificativa para discriminar outra pessoa, provavelmente está praticando a religião e usando a Bíblia incorretamente — e decerto está amando de forma errada.

A ironia mais triste de todas é o fato de ser sobre *isso* o alerta contido na Bíblia. A vida e o ministério de Jesus irritaram os falsos religiosos hipócritas, que fingiam indignação e exerciam a fé para atacar pessoas vulneráveis, enquanto ele jantava com prostitutas, cobradores de impostos e pessoas de rua detestadas. Os supostos santificados se ressentiram dele precisamente porque ele ampliou o abraço de Deus. Foi sua crescente hospitalidade e recusa em negar afeto, proximidade, dignidade ou respeito às pessoas que o tornaram tão odiado por aqueles que acreditavam que Deus pertencia somente a eles. Nada de novo por aqui. Jesus lavou os pés do seu traidor. Ele curou no sábado. Tocou a mão de um leproso. Jantou com os desprezados. Falou em público com as mulheres sobre espiritualidade. Fez de um samaritano desprezível o herói de sua história. Abraçou os excluídos. Alimentou de bom grado uma multidão díspar que se estendia diante dele. Jesus teria feito a droga do bolo.

Ele estaria fazendo bolos de arco-íris, fornecendo asilo aos refugiados, recebendo imigrantes, dando às pessoas assistência médica e fazendo as coisas que as pessoas amorosas fazem, independentemente de sua profissão de fé. Se Jesus estivesse no Masterpiece Cakeshop quando o casal de mesmo sexo entrou, acredito que ele seria gentil no balcão de vendas, efusivo em sua generosidade, e transbordaria de alegria ao fazer a sobremesa mais deliciosa que poderia, porque ele sabia que, no fim das contas, o amor e a compaixão — não o ódio e a exclusão — são o que a fé deveria nos dar liberdade de fazer; se realmente confiarmos em um grande Deus para fazer o que for necessário no coração das pessoas, deixaremos de ser uma barreira para a proximidade delas com esse Deus. Com base nas evidências dos Evangelhos, Jesus deixaria de bom grado os casais LGBTQ comerem bolo, não importa a veemência de alguns cristãos que agem de outra forma. Ele faria isso não pelo que são, nem apesar de quem eles são. Ele faria isso porque eles precisavam de um bolo, e porque fazer esse bolo (como todos os outros atos que Jesus realizou) faria com que eles soubessem que são belos e dignos de serem amados. Aqueles de nós que procuram perpetuar a mentalidade audaciosa de Jesus — acreditando no que ele afirmou com palavras e pelo modo como viveu — continuarão alimentando as pessoas com bolo e compaixão em porções generosas.

Capítulo 9

DEUS À NOSSA IMAGEM

Há alguns anos, nossa família foi ao Universal Studios, na Flórida. Em nosso primeiro dia, uma das primeiras coisas que fizemos foi ver *Shrek 4-D*, que na época era uma experiência nova, embora agora comum, em parques temáticos: um cinema 3-D que era visto enquanto, periodicamente, havia borrifadas de ar ou água e o seu assento era sacudido ou inclinado, para aumentar o realismo. Foi anunciado como uma "experiência imersiva" e minhas expectativas eram proporcionalmente estratosféricas, já que eu não tinha conseguido anunciar um órgão no eBay para cobrir o custo da viagem. Ao final da interminável espera, e enquanto nos preparávamos para entrar no cinema, cada um recebeu um par de óculos de plástico amarelo e fomos conduzidos rapidamente para a fileira de assentos mais próxima. Tirei meus óculos de sol e ajudei meus filhos a se acomodarem. Enquanto as luzes diminuíam e a trilha sonora aumentava, uma voz jovial nos instruiu a colocar nossos óculos 3-D, o que obedeci, de imediato, quando o filme começou. Estava pronto para uma imersão total na prometida experiência de última geração e, após alguns segundos, não fiquei impressionado. As imagens não tinham a claridade que eu esperava, dada a locação e o preço, e minha expectativa vertiginosa se dissolveu em decepção e um pouco de remorso de compra. Olhei pelo cinema, para ver se havia algum tipo de problema técnico ou se mais alguém estava desapontado como eu — mas tudo parecia perfeitamente bem. Tive pena de todos eles, por seus baixos padrões de entretenimento, e rezei para que Deus elevasse sobrenaturalmente suas expectativas. Então, me virei para minha esposa, a quem sempre encontro um espelho para meu desprazer em tais circunstâncias, mas ela estava radiante. "Bem, ela casou comigo", pensei, "então, realmente, quem pode explicar o gosto dela?". Pelos próximos seis ou sete minutos, aguentei impacientemente o que decidi ser um desperdício abaixo da média e superfaturado do precioso tempo de parque, até que o filme finalmente terminou com aplausos barulhentos e unânimes (menos um) e as luzes acenderam. Enquanto me levantava e preparava para deixar o assento vago para os próximos visitantes que esperavam, minha esposa me olhou estranhamente, apontou para o topo da minha cabeça e disse: "O que é isso?" Coloquei as mãos onde ela apontou e senti a inconfundível armação de plástico que me entregaram sete minutos antes, na entrada, e minha mente girou enquanto percebia o que havia acontecido: quando entramos no cinema escuro, na minha animação, eu havia colocado, sem perceber, os óculos 3-D no topo da cabeça — e assisti ao filme inteiro, em uma sala escura, com meus óculos de sol. Minha esposa (que, como você pode imaginar, por várias razões, é piedosa) recuperou o fôlego após quase hiperventilar de tanto rir e disse, revirando os olhos: "Vamos voltar para a fila." Respondi como um aluno do primário quando dizem que pode ficar com o cachorrinho que encontrou na calçada. Saímos do prédio e voltamos imediatamente para a fila que havíamos ocupado trinta minutos antes. Desta vez, quando entramos, observei cuidadosamente o paradeiro dos meus respectivos óculos e, quando as luzes diminuíram mais uma vez, coloquei o par certo sobre meus olhos. Foi uma experiência magnífica e imersiva.

As lentes pelas quais vemos o mundo importam. Como vivemos em comunidade ao lado de pessoas díspares, é tentador imaginar que todos veem as coisas como nós, que seus filtros correspondem ao nosso, que estamos tendo uma experiência semelhante do mesmo planeta, do mesmo país, da mesma religião e até do mesmo Jesus. Mas a verdade é que cada um de nós tem lentes incrivelmente específicas, moldadas por nossa história, que subjetivamente informam, colorem e alteram a vida à nossa frente. Você leva as suas a lugares em que vive, trabalha e navega em seu celular (até quando se deparar com estas palavras) — o que mostra a razão de a espiritualidade e a política serem tão confusas e repletas de discórdia: porque 2,7 bilhões de histórias, sagradas e amadas, estão colidindo todos os dias. Isso é uma tonelada de fricção relacional que sofremos, independentemente de sermos profundamente religiosos, certos de sermos incertos ou antirreligiosos fervorosos. E, para aqueles de nós que *se* consideram crentes de alguma forma, enfrentamos um problema fundamental ao pensar e falar sobre religião: todos nós construímos "Deus" ligeira ou substancialmente à nossa própria imagem.

Essa imagem subjetiva e autorreferenciada do Divino é formada pelos lares e famílias nos quais fomos criados, os professores que tivemos, as comunidades de fé onde podemos ou não ter crescido, nossas experiências individuais de vida, nossos tipos de personalidade e até nosso aspecto físico. Essas diferenças alteram a forma que vemos o mundo, no que se refere às questões espirituais e à teologia de trabalho que praticamos. Aqueles de nós que se engajam no cristianismo, direta ou indiretamente, peneiram as palavras e a vida de Jesus em busca daquelas partes que parecem refletir nossas paixões, confirmar nossos preconceitos, ratificar nossa política e ecoar a história que contamos a nós mesmos. Porque essas lentes moldaram as histórias do Evangelho que lemos e foram pregadas para nós; tendemos a adorar um Deus pelo Viés

RECONHECER NOSSOS
'JESUSES' PERSONALIZADOS

ADOTAR UMA
TEOLOGIA MAIS AMPLA

de Confirmação. Toda pessoa que afirma ser cristã, ou simplesmente aspira aos ensinamentos de Jesus, tem um Jesus altamente personalizado, muito customizado, construído individualmente e, em última análise, incompleto. Há tantos "Jesuses" neste mundo quanto há pessoas que afirmam crer nele, assim como há muitos cristãos lendo este livro.

Mesmo quando usamos a Bíblia como nosso lugar aparente de comunhão, trazemos nossos eus, extremamente precisos, para essa história singular e criamos uma visão inteiramente única da narrativa, que tende a corresponder à nossa. É por isso que uma pessoa pode ler a história de Jesus, no Novo Testamento, prestes a ser preso injustamente no jardim, instruindo seus discípulos a voltarem e "trazerem uma espada", e dizer, "É por *isso* que eu posso portar armas e me defender", e acreditar que isso os alinha com Jesus e é uma afirmação de fé; em contrapartida, outra pessoa pode ler alguns parágrafos à frente da mesma história — onde Pedro corta a orelha de um escravo, Jesus o repreende, cura o homem e diz que seu povo não viverá pela espada — e dizer, "É por *isso* que um seguidor de Jesus não deve possuir uma arma mortal ou usar da violência física".[1] Mesma história, mesmo Jesus — visões completamente diferentes sobre armas, violência, proteção e autodefesa. Ou, como outro exemplo, uma pessoa pode ler o Evangelho de Marcos, em que Jesus fala sobre o casamento, e dizer "por isso um homem deve deixar seus pais e se juntar à sua esposa",[2] e acreditar que Jesus confirmou a união como sendo estritamente entre um homem e uma mulher — enquanto outra pessoa pode reparar que não há, nos Evangelhos, crítica ou condenação de Jesus a alguém, baseado em sua identidade de gênero ou orientação sexual, e acreditar que Jesus seria totalmente pró-LGBTQ. Mesmo Evangelho, mesmo Jesus. Perspectivas baseadas em crenças completamente diferentes e biblicamente justificadas sobre sexualidade, casamento e gênero.

Isso ocorre em todas as áreas de nossas vidas, não apenas nas questões óbvias de conflito cultural. Nós, cristãos, não podemos deixar de ler o Evangelho sem distorcer nossa compreensão, e é por isso que, nas histórias que encontramos lá, quase sempre imaginamos que somos Jesus — ou, pelo menos, que somos os discípulos sinceros e fiéis ao lado dele e nunca os fariseus, fraudes religiosas cuja hipocrisia ele condena. Gostamos de nos imaginar como o Bom Samaritano resgatando o homem ferido na beira da estrada — não aquelas pessoas insensíveis desviando. Somos sempre a mulher perseguida, nunca os atiradores de pedras.[3] Somos sempre como Jesus, nunca como um idiota. Nossa parcialidade em relação a nós mesmos é um grande obstáculo, e nos afeta muito ter visões tão díspares de Deus ou Jesus; isso porque, se levamos a sério viver nossa fé, essa imagem de Deus ou retrato de Jesus formam a lente principal, através da qual vemos tudo: nossas relações, o meio ambiente, a igreja, a igualdade, a saúde, a política, a paternidade — a forma como vivemos esta vida.

Se ter um Jesus personalizado é um desafio para cada um de nós, individualmente, à medida que nos relacionamos uns com os outros, se torna mais difícil ainda tentar viver em uma comunidade espiritual local, e como parte da maior Igreja do mundo. Se uma comunidade leva o nome de "cristã" — sejam 5, 50, 500 ou 5 mil — temos que, de alguma forma, descobrir juntos qual versão de Jesus iremos reproduzir neste mundo, qual compreensão de Deus iremos transmitir juntos. Esse é o estado de confusão no qual estamos, não apenas em nosso quintal, mas em denominações em todos os EUA.

Em muitas igrejas locais, o movimento Black Lives Matter, em resposta à brutalidade policial, à separação de famílias em nossa fronteira ao sul e às mortes em consequência da pandemia, transformou as fissuras, já presentes, em fraturas expostas que simplesmente não podiam mais ser negadas. Tivemos que lidar com as lentes e os Jesuses de outras pessoas e admitir a desconexão.

O apóstolo João compartilha a história de Jesus chamando a si mesmo de Bom Pastor.[4] Ele nos lembra de como Jesus é bem mais complexo do que normalmente nos confortamos em pensar. Sim, ele é o terno pastor de ovelhas — para aqueles que ele vê como oprimidos e indefesos, ele é uma presença pastoral gentil e compassiva — mas não para os lobos, os líderes religiosos e os detentores de poder e os predadores. Para eles, Jesus é um terror sagrado. Para aqueles que ameaçam pessoal e coletivamente as ovelhas, ele é um adversário público feroz. Tanto nessa descrição de si mesmo quanto em sua vida pública e ministério, Jesus é tanto um cuidador pessoal compassivo quanto um influenciador radical do sistema. Ele é aprendiz de histórias e desafiador de *status quo*. Ele é, ao mesmo tempo, pastor e ativista, quem arruma a mesa e quem a derruba.

Podemos abrir espaço para esses Jesuses tão diferentes? Podemos abraçar o Jesus que se retirou para lugares tranquilos para rezar, e aquele que fez um chicote de cordas e confrontou os vendedores do templo? Podemos equilibrar o Jesus pastor com o ativista? Equilibrar aquele que disse "ame seus inimigos", e aquele que disse "ame o menos importante"? Da mesma forma, podemos nos imaginar como destinatários tanto de seu terno cuidado quanto de sua crítica afiada? Podemos encontrar a compreensão mais completa e profunda do que significa ser cristão e tentar manifestar isso neste tempo e espaço da história do planeta? Essa é a escala do tipo de amor que estamos falando aqui.

A maioria de nós já ouviu a frase *Deus é amor*, o que é verdade, porque é quase impossível de quantificar os dois, seja com palavras ou comparações com qualquer outra coisa. "Deus é como…" Este é o problema, não é? Quaisquer que sejam as respostas que encontramos, quaisquer palavras, atributos ou ideias que pareçam corretas serão lamentavelmente incompletas. Podemos encontrar

CONFRONTANDO A RELIGIÃO DO AUTORRETRATO

RECONHECENDO O SEU PRÓPRIO PONTO CEGO MORAL

uma linguagem que nos ajude, mas, da mesma forma que os números só podem nos orientar rumo ao infinito, as palavras só podem fornecer uma direção para caminharmos em direção ao Espírito. Como pastor que escreve e fala sobre o inefável, o melhor que posso esperar é recorrer a todos os aspectos da vida — natureza, emoção, experiência, desejo e amor — e, de alguma forma, tocar alguma parte elementar e transcendente de ser humano, e então usar essa humanidade e direcioná-la para o Divino.

Na maioria das vezes, nos vemos antropomorfizando Deus. Não podemos deixar de anexar características humanas, ou meios de avaliar como tudo isso funciona — e, normalmente, é aqui que começa o problema, porque, mais que tudo, usamos o espelho como ponto de referência. Susan B. Anthony disse, certa vez: "Desconfio daqueles que sabem tão bem o que Deus quer, porque percebo que coincide com seus próprios desejos." A Bíblia não foge desse perigo.

Jonas é um bom exemplo disso. Ele é um profeta bastante mesquinho, se você quer saber. Ele recebe mais crédito do que talvez devesse, porque tem uma história legal com alguns efeitos especiais memoráveis. Apesar do que nossos livros infantis e professores de escola dominical nos levaram a acreditar, a narrativa de Jonas *não é* sobre um homem adulto usando um peixe gigante como Airbnb por três dias; é sobre um fanático religioso mordaz que quer que Deus odeie as pessoas que ele odeia, e evita uma divindade que ele suspeita ter um coração muito maior do que o dele — e ele não quer ceder a isso. (Na verdade, pensando bem, eu meio que entendo *esse* cara.) Para evitar levar a mensagem do amor expansivo de Deus aos ninivitas (a quem ele despreza), ele foge, torna-se um clandestino em um navio e acaba jogado no oceano por vontade própria — e é engolido pelo peixe acima mencionado, para seu fim de semana perdido preso na escuridão, água do mar e restos de pequenos crustáceos. Na verdade, o desprezo de Jonas pelos ninivitas é tão grande que, quando Deus inevitavelmente aparece e mostra uma benevolência ampla o suficiente para abraçá-los em sua obstinação e imoralidade, ele fica amuado, como um aluno do quarto ano, e se ressente abertamente da graça que eles recebem. "Eu sabia!", repreende seu Criador. "Sabia que Você iria deixá-los impunes e fazer toda aquela coisa de perdoar, e é por *isso* que eu estava tentando evitar todo esse desastre salgado e fedorento!" Jonas não queria amar ao próximo de verdade tanto quanto ele queria que seu próximo sentisse a ira de um Deus que fosse tão zangado e vingativo quanto ele. Eu *realmente* entendo esse cara.

Vemos uma resposta semelhante na parábola do Filho Pródigo, cujo irmão mais velho se irrita com a efusiva recepção do pai ao seu irmão mais novo e rebelde.[5] Ele não quer só ser amado; ele quer que os outros sejam renegados. Esta é a dolorosa verdade sobre o perdão: raramente é Deus quem é reticente em deixar as pessoas entrarem nos braços abertos da graça restauradora — geralmente, somos nós.

É engraçado como os preconceitos e os vieses do Altíssimo acabam se espelhando em nós mesmos, quão igualmente mesquinho e vingativo se torna o Deus nas nossas cabeças. Poderíamos dizer que acreditamos na graça como um conceito religioso abstrato, mas quando a teoria é colocada em prática, e encontramos pessoas que fervem nosso sangue, provocam nosso desdém e despertam nossas sensibilidades, nós (como Jonas) resistimos a aceitá-las por medo de que isso signifique que elas estão se safando de algo. Negamos a elas a comunidade e, não porque realmente acreditamos que Deus faria isso, mas porque queremos puni-las por não cumprirem com nossos padrões, retaliando por distância ou desconexão. Ironicamente, afastamos as pessoas para mostrar a elas como falharam em ser tão amorosas quanto nós. Nas histórias dos Evangelhos, os líderes religiosos, muitas vezes, ficaram igualmente indignados quando a compaixão de Jesus eclipsou a deles: quando os leprosos, mendigos, descrentes, malucos e pecadores receberam o mesmo abraço e consideração que as pessoas "boas e justas". Foi o desejo de acumular bênçãos e reter a misericórdia que os tornou incapazes de praticar um amor maior do que aquele que se sentiam confortáveis.

Esse é um dos maiores desafios na jornada espiritual: continuar na tentativa de imitar o caráter de um Deus que sempre lhe amará, perdoará e acolherá. A tarefa diária do crente é ir em direção aos atos de bondade e hospitalidade, aos quais você mais resiste, para com as pessoas que menos deseja abençoar — aspirar a um lugar um pouco mais alto do que você se sente capaz de alcançar, porque é assim que a renovação acontece, dentro e ao redor de você.

Se dizemos ser pessoas de fé (como encarnações de Jesus e portadores da imagem de Deus), quando resistimos à presença de alguém, negamos o acesso à comunidade ou a provisão, estamos declarando explícita ou implicitamente que Deus não os aprova em algum nível e, ao fazê-lo, estamos declarando-os isolados e distintos da tribo exclusiva dos incluídos no processo. Nesse momento, estamos afirmando, ao mesmo tempo, nossa unidade com Deus e uma separação deles, e isso nos fará negar o amor.

Por uma comunidade, movimento ou ser humano ser à semelhança de quem ou o que quer que Deus seja, é preciso aprofundar nossas conexões, reconhecer nossas semelhanças e reforçar nossa interdependência. A religião, no seu melhor, fortalecerá as amarras entre uma pessoa, e todos os outros seres humanos, e o próprio planeta, porque reconhecemos que somos todos feitos da mesma matéria; somos universalmente compostos e saturados pela Divindade. Quando fazemos isso, separação e tribalismo começam a desaparecer, na presença de algo transcendente. Não pode mais haver um dualismo binário de *dentro* e de *fora*, não poderá haver *nós* e *eles*; simplesmente há uma única tribo à qual pertencemos, e estamos em casa dentro dela, simplesmente porque respiramos. Realmente quero que você veja Deus *em* você. Apenas faça um esforço para não ver Deus *como* você.

Capítulo 10

BOM LIVRO, MARTELO RUIM

Com frequência, ouço cristãos dizendo que são "crentes da Bíblia" ou que adoram um "Deus bíblico"; e embora estejam se referindo, em geral, a uma interpretação explícita de masculinidade, eu nunca tenho certeza da intenção por trás do que dizem (já que sempre significa algo diferente para cada um deles). No entanto, tenho convicção de que eles não querem, de forma literal, um Deus que seja *bíblico* por completo, uma vez que as leis objetivas talvez possam ser desconfortáveis para eles, inevitavelmente.

Sendo específico, um Deus bíblico se zanga com as duas primeiras pessoas que fez, sente rancor e impôs uma punição permanente contra eles, e todos os outros que vieram depois, porque ignoraram instruções e provaram algumas frutas explicitamente proibidas.[1] Avançando na narrativa, esse Deus bíblico fica tão exasperado com a humanidade, que Ele formou à Sua imagem, que determina que a única atitude razoável (entre um número certamente infinito de possibilidades disponíveis) é afogar todos no planeta, com exceção de uma família extensa e um barco cheio de animais.[2] Um Deus bíblico do Antigo Testamento sanciona a matança completa e maléfica de uma cidade inteira que o desafiou.[3] Um Deus bíblico permite que um homem sempre fiel como Jó tenha sua vida dizimada com sofrimento e tristeza, apenas para provar que ele pode lidar com isso.[4] Sim, Deus emancipa os israelitas, mas também permite que eles sejam escravizados repetidas vezes, por gerações. Se formos honestos, seguindo os relatos exatos das Escrituras, por vezes esse Deus bíblico poderia ser facilmente descrito, por aqueles que não estão familiarizados com a Bíblia (que não estão dispostos ou não são capazes de realizar ginástica mental para defendê-la), como um eterno rancoroso, um egomaníaco que se irrita com facilidade, um juiz cruel e imparcial, um perseguidor inseguro e carente. A maioria das pessoas não quer *esse* Deus bíblico; elas querem o Deus dos versículos com os quais estão confortáveis e dos quais tem conhecimento. Querem um Deus bíblico muito seletivo.

Da mesma forma, muitos cristãos autoproclamados também não estão particularmente interessados em imitar um Jesus bíblico: alimentar os famintos, exaltar os pobres, acolher os estrangeiros, abolir a violência retaliativa — essa prática invasiva e dispendiosa. Se Jesus se opõe ao nosso sonho americano, compete com o nosso sistema de aposentadoria, bagunça nossa zona de conforto, exige sacrifícios ou nos pede para amar pessoas que achamos não merecer amor — isso é um pouco mais bíblico do que estamos dispostos a ser.

Há pouco tempo postei um vídeo no YouTube, mostrando que a Bíblia nunca declara, inequivocamente, que *homossexualidade é um pecado*, como muitos cristãos alegam; mostrei que não há palavra ou versículo capaz de abarcar a natureza vasta e complexa da sexualidade e da identidade de gênero e, portanto, afirmar o que a Bíblia *declara* é uma fazer uma grande simplificação desagradável, que não pode ser justificada com algum versículo simples e bombástico que encerre a discussão.[5] Uma mulher, chamada Donna, fez um comentário do tipo que você certamente já ouviu ou talvez até ofereceu alguma variação uma vez ou outra: "Todo mundo peca." Ela escreveu: "Os gays não são piores do que os adúlteros, ladrões ou mentirosos. Deus ama *todos* os pecadores, por isso que a penalidade para Adão e Eva foi a morte — mas nos foi dado Jesus!" Em sua mente, ela foi gentil com as pessoas LGBTQ ao reconhecer um amor maior do que suas supostas transgressões (o que parece, à primeira vista, ser melhor do que o ódio homofóbico). O problema é que ela jogou todos os seres humanos LGBTQ no mesmo "contêiner" de pessoas sinistras e pérfidas, que estão ativamente prejudicando os outros, criando uma falsa equivalência entre a identidade ou a orientação de alguém (ou até mesmo seu relacionamento amoroso) e a trapaça, o roubo e mentiras. Isso não é apenas um completo desrespeito às centenas de milhões de pessoas que não se encaixam nos limites estreitos das normas cisgênero ou heterossexuais, mas, tendo isso por premissa básica, será quase impossível para ela amar qualquer pessoa LGBTQ de verdade, porque ela as vê como pessoas especificamente imorais, o que ela não é. A superioridade predominante é um obstáculo quase intransponível para o tipo de amor ao qual somos convidados a ter.

Quando tentei compartilhar minha perspectiva sobre as complexidades da sexualidade e da Bíblia com Donna, ela citou Mateus 16:23: "O discípulo Pedro foi repreendido por Jesus por 'ter em mente as coisas do homem, e não as de Deus'. Sinto muito, mas não acredito que a religião deve se basear em nossos sentimentos." A realidade, ignorada por Donna, era que ela também estava expressando um *sentimento,* interpretado por ela como sabedoria objetiva. Suas aspirações podiam ser nobres, sua procura diligente e seus esforços, sinceros — mas, por fim, ela está interagindo com palavras, em uma página ou tela, e refletindo sobre elas; está usando seu intelecto, experiências, influências e emoções para determinar suas convicções. Isso é tudo que qualquer ser humano espiritualmente orientado já fez e fará. Ninguém é, de fato, mais qualificado do que ninguém.

ADMITIR A SUBJETIVIDADE EM RELAÇÃO À BÍBLIA

MENOR PROBABILIDADE DE TRANSFORMÁ-LA EM ARMA

Por mais que queiramos, não há como baixar, num passe de mágica, a totalidade dos caminhos de Deus diretamente em nossos sistemas para que nossas decisões e convicções ecoem em perfeita sintonia com a mente da Divindade. Nenhum estudo da Bíblia, série de sermões ou serviço de igreja lhe dará isso. O que pessoas religiosas como Donna querem dizer quando castigam os outros por sua perspectiva teológica é: "Se suas conclusões sobre o caráter de Deus; ou o conteúdo das Escrituras; ou seu comportamento, ou crença, correspondente a essas coisas, não se alinham suficientemente com as minhas — vou desqualificar você por não ter visto ou ouvido tudo tão claro quanto eu." A religião sem amor vem, em geral, quando decidimos que a interpretação de Deus de outra pessoa é inferior à nossa.

Invariavelmente, quando um cristão afirma ser "crente da Bíblia", ele geralmente o faz enquanto tenta descartar sua perspectiva, diminuir sua visão de mundo, desqualificar sua interpretação das Escrituras, e alega que *sua* autoridade sobre o assunto em questão é, de alguma forma, menos confiável do que a dele — porque eles afirmam acreditar em *toda* a Bíblia e seguir *tudo* nela. *Eles não seguem.* Eles se justificam dizendo que a Bíblia tem um versículo simples e irrefutável para o assunto em voga, um que silencia toda discussão e encerra qualquer debate. *Raramente tem.*

Uma das principais críticas desses cristãos que acreditam na Bíblia é que o resto de nós "escolhe a dedo" as Escrituras; dizem que andamos por ela como um bufê, pegando porções enormes do que nos parece bom e passando por cima das coisas que achamos desagradáveis ou difíceis. *Nós fazemos isso. Todos fazem. Eles também fazem.* Não quer dizer que estamos fazendo isso de forma consciente, ou que devemos ignorar ou descartar intencionalmente grandes porções de texto, mas mesmo os mais comprometidos e bem-intencionados, dentre nós, acrescentam algo com falhas e limitações inerentes a conversas eruditas e inspiradoras: nós mesmos. Todos trazemos preconceitos, medos, experiências, educação e influências conosco para a Bíblia, e isso faz com que (mesmo nos esforçando) sejamos muito seletivos em relação ao que vemos como evangelho, ao que damos valor, ao que praticamos, amplificamos e compartilhamos.

Muitas vezes, acho que as pessoas que mais utilizam a Bíblia como arma não a leram muito: apenas o suficiente para serem cruéis com quem se ressentem ou têm medo. Por exemplo, em conversas sobre sexualidade, cristãos professos, crentes da Bíblia, irão ousada e prontamente atirar o Levítico 20:13 na conversa, como alguns supostos "triunfos" santificados contra a comunidade gay:

> Se um homem se deitar com outro homem como quem se deita com uma mulher, ambos praticaram um ato repugnante. Terão que ser executados, pois merecem a morte. (NVI)

Sempre que o fizerem, pedirei que movam os olhos um centímetro para cima, onde o mesmo autor no mesmo capítulo do mesmo livro diz:

> Qualquer um que amaldiçoar seu pai ou sua mãe deve ser morto. Porque eles amaldiçoaram seu pai ou mãe, seu sangue estará em sua própria cabeça.

> Se um homem comete adultério com a mulher de outro homem — com a mulher do seu próximo — tanto o adúltero quanto a adúltera serão mortos.[6]

Pergunto a essas pessoas se *também* acreditam que os adolescentes desrespeitosos e os que cometem adultério devem ser apedrejados até a morte. Normalmente, segue-se o silêncio, ou eles rapidamente mudam de tática para atacar minha aparente ignorância sobre a diferença entre as leis cerimonial e moral, ou eles pulam em cima do Novo Testamento e citam as cartas de Paulo, enquanto ignoram o silêncio de Jesus sobre o assunto.

Ou, ao discutir os maus-tratos de famílias migrantes em nossa fronteira, um pregador que acredita na Bíblia ignorará, convenientemente, *dezenas* de referências a acolher refugiados e tratar estrangeiros como se fossem os seus, enquanto se apega a um único universo sobre os lobos vindo para matar as ovelhas[7] a fim de justificar seu posicionamento. Novamente, quando confrontado com as *palavras verdadeiras* do texto que estão citando como sua autoridade total, eles começam a se contorcer, ficam com raiva e procuram brechas. E quanto mais são lembrados de que o próprio Jesus era um refugiado sem-teto e de pele escura — eles, em geral, abandonam a conversa e voltam a pregar para o coro de cristãos crentes da Bíblia que concordam com sua exegese coletiva.

Não estou tendo essas conversas de confronto para criar algum tipo de momento *pegadinha*. Estou lembrando às pessoas que, em um grau ou outro, todos os cristãos criam uma Bíblia pessoal e editada. Estou mostrando a eles que não podemos simplesmente *acreditar* ou *não* na totalidade das Escrituras. É intelectualmente desonesto. Todos nós temos que vasculhá-las, interpretá-las e tentar aplicá-las da melhor maneira possível a cada momento, considerando o que aprendemos e o que vivenciamos. Quando me apresentam exemplos bíblicos de um Deus violento e vingativo, e confrontado com minhas *próprias* tendências de escolher a dedo da Bíblia, não sinto a necessidade de negar ou fugir dessas passagens. Reconheço que esses traços alternativos e imagens menos desejáveis existem e reconheço as tensões que criam em mim. Aceito minha inconsistência em escolher seletivamente da Bíblia, e faço o melhor para encontrar maneiras de permitir que versículos desconfortáveis expandam minha compreensão. E por fim, depois de tudo isso, volto à questão, "Esta passagem é consistente com um Deus de amor infinito?" e relaxo com a conclusão a que chego.

A Bíblia *não* é um livro. É uma extensa biblioteca de 66 livros separados, escritos ao longo de milhares de anos em vários idiomas por dezenas de autores, muitos de origem desconhecida. Os escritos variam da poesia vívida dos relatos da criação em Gênesis às histórias épicas do povo de Israel, às canções de adoração íntima dos Salmos, às quatro biografias sobrepostas, porém distintas, de Jesus nos Evangelhos, às cartas pastorais de Paulo escritas para igrejas em Roma e outros lugares, às grandes visões do Apocalipse. Dizer que alguém *crê* em cada uma dessas palavras díspares ou, de alguma forma, adere igualmente a tudo o que neles está contido é, na melhor das hipóteses, uma impossibilidade e, na pior, uma mentira conveniente, destinada a fazer outra pessoa se sentir moralmente inferior.

Eu amo a Bíblia. Estudei-a durante vinte anos e a compartilhei com milhares de pessoas — e é por amá-la e estudá-la que jamais me atreverei a dizer que sou um "crente da Bíblia", porque a frase não é útil, honesta ou complexa o suficiente para o assunto. Há um clichê lendário que os cristãos professos, que acreditam na Bíblia, oferecem diante de qualquer desacordo, resistência ou desafio persistente, sempre que há um impasse: *Deus disse, eu acredito e ponto final.* Isso soa bem e parece apropriadamente reverente, mas é uma simplificação excessiva e, na verdade, não significa nada do ponto de vista prático, em particular quando Deus é citado dizendo uma

FOCAR O
CARÁTER DE DEUS

UMA LEITURA
COMPASSIVA DAS
ESCRITURAS

variedade de coisas nas Escrituras. Eu acho que podemos ser melhores. Acho que podemos ser honestos. Acho que podemos dizer às pessoas: *"Baseado no que li, essas palavras, traduzidas de manuscritos antigos e reunidas há milhares de anos, parecem dizer isso. Às vezes, acho que Deus disse isso e, outras vezes, não tenho tanta certeza. Por meio do estudo, da oração e da reflexão, estou tentando dar algum sentido ao trecho e não tenho certeza de como ele se alinha com coisas escritas em outra parte, e isso me incomoda — mas talvez possamos conversar sobre o assunto."*

Acho que esse tipo de admissão seria desconcertante para aqueles que estão do outro lado do nosso debate, e abriria um terreno fértil para que tivéssemos conversas redentoras sobre nossa fé com aqueles dentro e fora dela. A Bíblia não é um livro didático. Não é uma fórmula. É uma coletânea de histórias complexas, amplas, misteriosas, às vezes nebulosas, que somos convidados a explorar enquanto buscamos entender essa vida e a vida além dela. É necessário fé, admiração, investigação e discernimento, e estarmos em paz com o paradoxo e confortáveis com as incógnitas. Nós, que aspiramos a ser pessoas do texto, provavelmente seríamos muito mais amorosos se pudéssemos admitir que estamos lendo, estudando, explorando a Bíblia, e que a amamos — e, às vezes, com alguns versículos, de algumas maneiras e para algumas pessoas, nós cremos na Bíblia. Quanto menos tentados somos a utilizar as palavras como arma contra outras pessoas, mais provável será encontrarmos uma fé que não prejudique. Se a usarmos para nos tornarmos seres humanos melhores, isso nos tornaria administradores sábios dessas palavras. O bom livro se torna um martelo muito ruim.

Capítulo 11

GODFUNDME

Conheço muitas pessoas afortunadas o suficiente por conhecerem Deus pessoalmente. Elas são capazes de dizer, com grande confiança e exatidão o que o Criador de Todas as Coisas está fazendo a qualquer momento, e Seus motivos, métodos e intenções — especialmente em momentos de tragédia e suas consequências. Eu costumava ser uma dessas pessoas. Costumava jogar as palavras preguiçosamente, atribuindo propósito às épocas terríveis e às circunstâncias dolorosas pelas quais as pessoas passavam. Não era feito com maldade ou com a intenção de enganar as pessoas; apenas me convenci de que poderia dar sentido a coisas sem sentido — porque existia *Jesus*. Cada desastre nacional, cada perda pessoal, cada circunstância terrível era motivo para reiterar minha firme certeza de que Deus estava *no controle*. Eu esperava inspirar admiração e encorajar a fidelidade, nunca percebendo que essa linha de pensamento também implicava que Deus estava causando esses traumas às pessoas, para começar. Eu tento muito não fazer mais isso. Foi preocupante, em 2020, assistir a membros de casas religiosas dizerem aos *não iluminados* o que Deus estava fazendo em uma pandemia que matou milhões de seres humanos e parou o planeta, mas dificilmente é um fenômeno novo.

Quando ocorreu uma série de furacões devastadores, em setembro de 2017, o ator que virou celebridade evangélica, Kirk Cameron, foi às redes sociais para nos lembrar de que a série de furacões gigantes, que estava nivelando grandes áreas do planeta, era apenas Deus tentando nos dizer algo. Em um vídeo gravado no Aeroporto de Orlando (em sua saída da área, a propósito), Cameron fez um sermão:

> Quando [Deus] exibe Seu poder, nunca é sem razão. Há um propósito. E nem sempre podemos entender qual é esse propósito, mas sabemos que não é aleatório e que o clima é enviado para nos fazer responder a Deus com humildade, admiração e arrependimento.[1]

A tempestade não era aleatória, ele disse, mas tinha um propósito — o propósito de *Deus*. Foi uma criação intencional. Não importa que dezenas de pessoas tenham sido mortas, centenas de milhares tenham ficado desabrigadas e muitas — no momento em que ele compartilhou o vídeo — tenham sentido medo e perdas inimagináveis. Kirk queria que todos nós soubéssemos que *Deus* fez isso conosco — e precisávamos descobrir por quê.

Durante décadas, políticos, celebridades, evangelistas da TV e pastores do Cinturão da Bíblia apontaram a si mesmos como meteorologistas santificados, nos dizendo por que um amoroso, porém irado, Deus está golpeando Seus filhos com tsunamis, tornados e inundações. Eles culparam Hollywood, os pró-aborto, os gays e os democratas pelo Criador do Universo acionar algumas nuvens em funil e maremotos e destruir um pouco o lugar — então você vai querer se arrepender de tudo o que fez que O irritou. (Sim, de

outra forma, pessoas inocentes serão
devastadas no processo de punir um
pequeno segmento da população, que
não saberá que está sendo um alvo
específico, mas Deus trabalha de formas misteriosas, certo?) A variação
de Cameron sobre esse tema foi mais
sutil do que alguns de seus amigos
pregadores mais incendiários e de
mão pesada, mas é tão tóxica quanto.

TENTAR INTERPRETAR
O PAPEL DE DEUS
NA TRAGÉDIA

A TENTAÇÃO DE
PERPETUAR NOSSOS
PRÓPRIOS PRECONCEITOS

Ele coloca o fardo sobre as pessoas individualmente para psicanalisar
Deus; para, de alguma forma, discernir o que Ele está dizendo a
eles especificamente sobre eventos climáticos e ataques terroristas que
causam estragos por quilômetros e traumatizam multidões. Refletir
sobre operar dinheiro acima do seu nível salarial e descobrir por que
tempestades mortais estão causando bilhões de dólares em danos
ou atos violentos contra centenas de pessoas em sua cidade são, de
alguma forma, relacionados a *você ou a outra pessoa*. Um amigo não
cristão, comentando sobre o vídeo de Cameron, disse: "Então, de
acordo com os conservadores, neste ano Deus elegeu Trump, matou uma garota em Charlottesville e destruiu centenas de milhares
de casas? Ele parece um verdadeiro c*zão." Antes que eu pudesse
responder, ele continuou. "E, supostamente, eu tenho que acreditar
que Ele me ama — por que?" Meu amigo, assim como várias pessoas,
vê pessoas como Kirk Cameron, Jerry Falwell ou Joel Osteen e está
certo de que não quer fazer parte desse tipo de religião maligna e
retributiva. Eu não os culpo. Eu também não quero fazer parte disso.

Em sua primeira pregação de domingo após a devastação em
Houston na sequência do Furacão Harvey, Osteen disse à congrega-
ção de sua megaigreja (que agora inclui muitos novos refugiados):
"A razão pela qual pode parecer que Deus não está acordado não

é porque ele o está ignorando, não é porque está desinteressado; é porque ele sabe que você pode lidar com isso." Então, em uma visão um pouco menos punitiva (afirma Joel), Deus ama e respeita tanto a força dessas pessoas, que as deslocou, destruiu seus pertences e animais de estimação e matou seus vizinhos. (Um tapinha nas costas ou um novo carro seria suficiente.) Não tenho certeza de que esse é um Deus em quem estou interessado e sei que não é um Deus que os não cristãos serão compelidos a buscar: aquele que soa como um pai abusivo, um parceiro violento ou um membro da família dizendo "Eu te machuco porque te amo".

Pelas mais variadas razões, é um negócio realmente precário tentar usar qualquer evento doloso ou mortal como plataforma para pregar. A primeira: se vamos ser honestos com nós mesmos, na verdade, não temos a ideia exata de como Deus faz ou não faz, e como Deus trabalha dentro, ao redor e por meio de padrões climáticos, tiroteios em massa e tragédias generalizadas. Na falta de certeza, provavelmente, devemos escolher o silêncio. A segunda: as pessoas feridas, de luto e desiludidas precisam ser tratadas, confortadas e abraçadas — não precisam da minha teologia de poltrona sobre por que suas lesões são, na verdade, uma coisa boa ou como isso é uma mensagem subliminar pessoal do Divino. Uma coisa é alguém que está passando por circunstâncias difíceis procurar e especular sobre essas coisas por si mesmo, mas outra coisa é fazermos isso por ele. A terceira e talvez a mais importante é que, ao tentar interpretar teologicamente os desastres naturais e as circunstâncias terríveis, facilmente convertemos as tragédias em uma espécie de propaganda religiosa utilizada como arma; acabamos atribuindo a Deus todos os nossos medos, preconceitos e ressentimentos, potencialmente acreditando e fazendo outras pessoas acreditarem que Deus é tão idiota quanto nós. Eu mal consigo entender como meu micro-ondas funciona, o que dirá determinar como um evento catastrófico está sendo manipulado por Deus para ensinar a você, a mim ou a casais gays uma lição que se Ele fosse Deus poderia facilmente falar alto e claro o suficiente para ser ouvido. Eu me sentiria como uma fraude fingindo que sei o que está acontecendo.

É irônico que Cameron tenha se referido ao livro de Jó em seu vídeo-sermão. Quando Jó perde tudo e fica compreensivelmente aflito, a princípio seus amigos mostram sabedoria apenas sentando-se em silêncio com ele em seu desespero, oferecendo sua presença calma e tranquilizadora. Só mais tarde eles caem lentamente na tentação familiar de culpar, interpretar as circunstâncias e brincar de Deus. É quando tudo dá errado: quando eles se transformam da companhia simpática a intérprete do Divino. Talvez nós, que reivindicamos fé, devêssemos evitar fingir que entendemos o como e o porquê a dor e o sofrimento nos sucedem. Talvez devamos admitir o mistério, o desconforto e as tensões que a espiritualidade produz em tempos aterrorizantes. Talvez, quando as pessoas ficam aterrorizadas pela natureza ou pela falta de humanidade à sua volta, em vez de jogar sermões nelas, devemos simplesmente tentar ser uma presença amorosa e compassiva que as lembre de que não estão sozinhas: uma teologia de disponibilidade, um ministério do aparecer e ficar calado. Se o Deus que você está seguindo e pregando às pessoas em momentos de dor é realmente um idiota — talvez não seja culpa de Deus. Provavelmente, é culpa sua.

Da mesma forma que a maneira como pensamos sobre a dor diz muito sobre como pensamos a respeito de Deus, também o é a maneira como pensamos a respeito da oração. Hoje, recebi um relatório por e-mail de um amigo de um homem que passou os últimos 12 meses fazendo quimioterapia e recebendo radiação em sua batalha contra uma forma agressiva de câncer de garganta. Após compartilhar a boa notícia da remissão do câncer e da recuperação do homem, o remetente adicionou felicitações: "Nossas preces funcionaram!" Durante

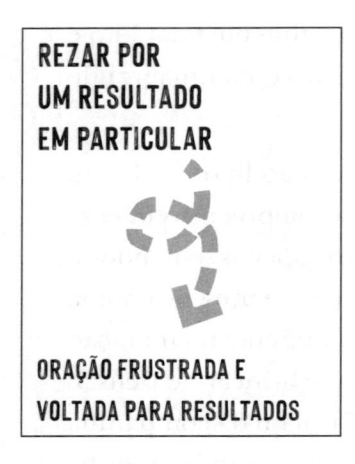

REZAR POR UM RESULTADO EM PARTICULAR

ORAÇÃO FRUSTRADA E VOLTADA PARA RESULTADOS

anos, encontrei esse sentimento nesses tipos de momentos sem pestanejar, mas agora eles me deixam um pouco enjoado. Agora, eles parecem um disco arranhado tocando sempre a mesma trilha. Agora eles parecem realmente… errados. Há uma cena no filme *Crimes e Pecados* em que o personagem Cliff Stern relembra uma memória de sua grande e teologicamente diversa família judia discutindo ações e consequências, e sua tia May diz: "Tem aquela piada sobre o boxeador que entra no ringue. E seu irmão vira para o padre da família e diz, 'Reze por ele'. E o padre diz, 'Rezarei. Mas, se ele puder socar, ajuda'."[2] Essa citação soa verdadeira para mim de muitas maneiras. Hoje em dia, nas lutas pelo bem e pela igualdade, eu oro — mas também "soco".

Não acredito que rezar funcione mais — ao menos na forma como nós, pessoas de fé, gostamos de acreditar ou alegar que acontece ou como eu costumava ensinar que isso acontece. Quando alguém que conhecemos ou amamos, ou alguém de quem lemos nas mídias sociais está gravemente doente, o padrão é pedir às pessoas que orem pela sua cura; mais especificamente, pedimos aos outros que peçam a Deus para curá-lo. Alistamos pessoas para levar nossa causa (uma pessoa doente ou uma situação difícil) ao Todo-Poderoso. Pedi essas orações milhares de vezes nas últimas duas décadas e meia. Pedi às minhas congregações para rezarem por crianças que sofreram acidentes, jovens mães com câncer e adolescentes vítimas de armas de fogo. Realizamos vigílias de oração, estendemos nossas mãos nos cultos da igreja, criamos correntes de oração online e ficamos ao redor dos leitos de UTI. Em vários momentos, como a viúva persistente na parábola de Jesus ou os amigos fiéis no telhado de um homem doente,[3] eu pedi a Deus em particular e desesperadamente para trazer curas milagrosas, reverter situações aparentemente sem esperança, contornar diagnósticos terríveis, mostrar-se em um determinado momento e a uma determinada pessoa. Não só acreditei que a cura era possível — também acreditei que poderia, de alguma forma, influenciar Deus com palavras, números e fervor para fazê-lo. Não acredito mais nisso.

Eu entendo por que fazemos isso. Interceder em orações por outras pessoas é uma bela expressão de atenção e de solidariedade, um esforço para ficar do lado de alguém em um trauma impensável, para que saibamos que o amamos e sentimos sua urgência. Dessa forma, a oração claramente funciona. Isso permite que as pessoas entendam a profundidade de nossa preocupação por elas, permitindo que se sintam um pouco menos sozinhas, elevando-as emocional e fisicamente enquanto enfrentam o sofrimento sem sentido desta vida. Nós devemos rezar e deixar as pessoas saberem que estamos rezando por elas, que estamos torcendo por elas, pensando nelas e permanecendo com elas de onde estamos. Acredito que a oração muda nossos corações enquanto oramos, que nos une uns aos outros e que aumenta a esperança em situações sem esperança — mas não tenho certeza se realmente funciona para salvar pessoas doentes da morte. Poderia não ser uma coisa boa se isso acontecesse.

Afirmar que Deus cura quando oramos por aqueles que estão muito doentes, fisicamente feridos ou emocionalmente traumatizados é imaginar um Criador que precisa ser convencido. É pintar uma imagem de um Deus que — embora já tenha plena consciência da gravidade da situação e da preocupação dos entes queridos e da realidade da lesão — se recusa a se mexer a menos que peçamos. Dessa forma, os apelos de oração podem quase se tornar campanhas espirituais do GodFundMe, onde nos dizem que, se "conseguirmos pessoas suficientes orando", a cura acontecerá, como se houvesse um número mágico ou uma massa crítica que fosse mover o Todo--Poderoso a nosso favor. Sentimos a pressão para justificar, adequada-mente, que um bebê recém-nascido, um adolescente com câncer ou um avô em coma devem receber um adiamento. Ao ver a cura como uma escolha divina, estamos essencialmente rezando para mudar a opinião de Deus, pedindo a Ele que salve as pessoas de Si mesmo, desfazendo o sofrimento que, inicialmente, foi Ele que permitiu ou fabricou. A consequência desafiadora de orar por alguém dessa maneira é que temos que entender os resultados depois. Se a pessoa viveu ou melhorou, de alguma forma acreditamos que arquitetamos sua sobrevivência e (se estamos cientes o suficiente do sofrimento dos outros) precisamos processar por que *nossas* orações foram suficientes e as dos outros para a pessoa no quarto ao lado no hospital não foram. E, quando a cura *não* acontece, ficamos tentando descobrir se oramos o suficiente ou lamentamos que não alistamos "guerreiros de oração" suficientes para mover Deus efetivamente, ou tentamos descobrir por que nossos pedidos falharam. De qualquer forma, não é uma maneira saudável de se envolver com a fonte mística de toda a vida ou com a imprevisibilidade da cura e da recuperação.

Conheço bem as histórias bíblicas do Antigo Testamento de dilúvios, pragas e faraós que o divino nos enviou, li os lamentos dos salmistas sobre o Deus que se move em tempestades ferozes e doenças graves, e estou familiarizado com as parábolas de Jesus de reis e senhores de escravos punindo súditos e servos por seus fracassos — e ainda não consigo declarar que qualquer Deus que seja digno de ser Deus causaria dor para atingir a humanidade ou impediria a recuperação para ensinar-lhes uma lição. Que tipo de declaração estamos fazendo sobre o caráter de um Deus, cujo trabalho pode ser obtido de várias fontes — e que mensagem estamos enviando para os entes queridos e apoiadores de pessoas doentes que não ficam bem, que acabam morrendo de suas doenças e feridas? Suas orações não foram apaixonadas, sinceras ou com frequência o suficiente para incitar Deus a responder? As orações de um homem que não sobreviveu "não funcionaram" e, se não, por que não? (Você raramente vê um jogador de futebol beijar uma cruz ou apontar para o céu quando erra um gol.) Uma teologia de causa e efeito da oração torna Deus muito humano. Há momentos em que eu reflexivamente volto a esses esforços para mover o Todo--Poderoso: quando as pessoas que amo enfrentam provações e doenças, quando o mundo parece fora do meu controle, quando a dor me toma. Nesses momentos dolorosos de urgência emocional, volto a me tornar o mendigo ferido, implorando a Deus para consertar o que parece quebrado — mas rapidamente percebo que essa é a velha memória muscular da minha antiga fé e estou ciente de que meus pedidos são paradoxais. Quando me vejo habitualmente retornando à postura de implorar a Deus que aja, tento redirecionar minhas orações porque quero me mover mais do que tento mover a Deus.

Recentemente, perdemos um ente querido, aos 23 anos de idade. Ele era um jovem compassivo, gentil, engraçado e brilhante, que sofreu grande parte de sua vida com uma série de doenças autoimunes. Ele ficou doente, se deteriorou rapidamente e faleceu uma semana depois. Era amado por centenas de pessoas, que se reuniram para lembrá-lo alguns dias depois; sua vida tocou inúmeras outras, e as ondas desta vida mudavam o mundo quando ele ficou doente. Eu orei por ele, assim como uma multidão de parentes, amigos e estranhos. Ele não melhorou. Todos queríamos que isso acontecesse. Ele não conseguiu. Eu me recuso a tentar descobrir o que isso diz sobre o caráter de Deus ou sobre a eficácia ou a seriedade das nossas orações, porque isso parece uma busca infrutífera e não é um bom uso do meu luto. Sua perda é simplesmente trágica e devastadora como realidade, e isso basta. É o suficiente para concordar com seu pai, que disse via mensagem pouco tempo depois: "Isto é uma m*rda." As únicas perguntas úteis remanescentes são: "Agora que aconteceu, como eu responderei? Como serei modificado por isso? O que eu farei agora que deu tudo tão errado?" Essa é a única forma de uma perda ser transformada em amor, a única oração verdadeiramente produtiva.

Eu ainda peço às pessoas para rezarem e continuo rezando, mas tento reorientar minhas preces nesses dias. Não mais acredito em um Papai Noel sobrenatural, que dispensa vida e morte baseado na conduta ou no coração dos destinatários e seus amigos. Não acredito em um Deus que retém a cura milagrosa ou o cuidado compassivo até que imploremos o suficiente para fazê-lo. Eu acredito que a oração funciona desbloqueando nossa empatia pelos outros, que nos une em um relacionamento mais profundo. Acredito que seja uma bela expressão de amor e de solidariedade com as pessoas que sofrem; que nos conecta pessoalmente uns aos outros e a Deus de maneiras que não podem ser quantificadas. Eu acredito que é um ato sagrado de bondade que estendemos a outros seres humanos para declarar unidade com eles. Mas não acredito que a oração possa mudar a opinião de Deus sobre curar as pessoas que amamos — nem quero que isso aconteça.

A turbulência de um ano de pandemia não criou essa teologia tóxica da oração, mas certamente a revelou vividamente. Ontem, li um post em uma mídia social de um reconhecido músico cristão, nos assegurando que a pandemia que tem dizimado o planeta é "tudo parte do plano de Deus". Ele estava prescrevendo otimismo ao dizer que o Todo-Poderoso é o arquiteto desses dias como uma forma de trazer a humanidade para perto Dele. Posso ser um péssimo cristão, mas não acho que Deus funcione assim — ao menos espero que não. Eu acho que isso tornaria Deus incrivelmente cruel e estranhamente perverso. Não tenho nenhuma informação privilegiada, mas meu palpite é que um criador todo-poderoso e onisciente, que supostamente é feito de amor, não está planejando todo esse sofrimento em larga escala para provar alguma coisa. Não acredito que o "plano de Deus" é deixar milhões de pessoas doentes e centenas de milhares mortas; fazer dezenas de milhares de americanos perderem seus empregos e centenas de milhões ficar à beira do colapso financeiro e emocional.

Não acredito que o "plano de Deus" seja seres humanos perturbados tendo que se despedir dos seus pais, cônjuges e melhores amigos por meio de telas de telefone ou pressionados contra o vidro frio de uma janela de UTI, ou ter que adiar por meses o luto junto com aqueles que amam. Não acredito que o "plano de Deus" seja um isolamento maciço que está levando tantos à depressão e ao desânimo, ou à amarga inimizade nacional sobre trabalhar e ficar doente ou ficar em casa e falir, os colapsos mentais causados pelo peso de tantas tensões e um turbilhão de perguntas.

FOCO NA RESPOSTA HUMANA COMPASSIVA À CRISE

ESPERANÇA EM MEIO AO JULGAMENTO

Nos dias em que somos dominados tão ferozmente pelo medo e pela preocupação, experimentando tanta escassez e solidão, e encontrando uma dor tão opressiva e predominante, todas as pessoas (mas especialmente as pessoas de fé) procuram evidências de que algo mais está acontecendo, que há algum propósito para a nossa dor. Muitas vezes, a religião quer que esse propósito seja "o plano de Deus". Não oferece nenhuma razão e, em geral, cria mais perguntas do que respostas, mas, por um breve momento, parece suficiente. Supor que isso é obra de Deus é declarar que, embora Deus possa trabalhar de infinitas maneiras para nos mostrar nossas semelhanças, nos inspirar à fidelidade e permitir acessar nossos reservatórios de empatia e coragem, Ele escolhe deixar milhões de pessoas muito doentes e matar muitas outras para fazer isso

Ainda sou uma pessoa de fé, embora essa fé seja muito mais confusa do que costumava ser. Eu ainda acredito em algo maior do que *começou no começo,* e que mantém tudo isso junto, mas procuro não decifrar o intrincado quebra-cabeças dos excruciantes e desconcertantes *porquês* desta vida, para descobrir Deus. Eu não tento encontrar sentido nas coisas sem sentido. Em vez disso, eu olho para Deus da maneira como os seres humanos respondem quando essas coisas sem sentido acontecem: quando pessoas morrem muito jovens, quando desastres naturais acontecem, quando a doenças generalizadas se espalham. Em vez de perder tempo e energia mental interpretando a *razão* de tais coisas acontecerem, eu olho para os melhores anjos aqui na Terra: os ajudantes, curadores, cuidadores e abraçadores — e encontro sentido neles. Eu tento desenterrar, em resposta, algo mais gentil, corajoso ou grato. Então, em vez do *plano* de Deus, que é muito mais difícil de ver daqui de baixo, eu busco a *presença* de Deus: pela compaixão, misericórdia, amor e bondade que se assemelham à sensação do que é Deus.

Vi essa presença nos hematomas ao redor dos olhos das enfermeiras que dormiram em armários de material hospitalar. Vi na criatividade dos professores, precisando transformar seus currículos e estilos de ensino em questão de semanas. Ouvi o som de Deus nos músicos cantando de suas varandas em arranha-céus para cidades sem dormir, famintas por canções de esperança. Eu vi Deus nos estranhos anonimamente colocando fraldas, papel higiênico e arroz na caixa de correio de seus vizinhos; nos pequenos atos de bondade e benevolência, que lembram às pessoas, que não se sentem amadas, que elas são queridas; que fazem com que pessoas isoladas se sintam menos sozinhas; que oferecem alguma ação de cura para corpos feridos; que trazem um momento de paz para mentes atormentadas. Novamente, posso estar errado, mas, quem ou o que quer que seja Deus, não acredito que tamanha devastação e morte sejam parte de Seu plano. O melhor palpite que tenho agora é que essa temporada de sofrimento que vivemos recentemente juntos, na pandemia (como todos os momentos), é o espaço sagrado para aqueles de nós que reivindicam fé para viver o que acreditamos: para perseverar, dar, curar — e, acima de tudo, para amar. Esse amor é o único plano, e encarná-lo aqui é a maior oração.

Capítulo 12

TRABALHO INTERNO

Existe uma cena de um filme de terror da época de minha infân-cia, chamado *Quando um Estranho Chama*, que nunca esqueço. Uma jovem está cuidando de algumas crianças na vizinhança. Após elas dormirem, a babá recebe uma série de telefonemas de um homem estranho. Suas interrupções, gradualmente, se tornam mais frequen-tes e ameaçadoras; e, após pedir repetidas vezes para ele deixá-la em paz, ela enfim liga para a polícia e (naquele tempo não tinha identificador de chamadas) pede para eles identificarem de onde vêm as ligações. O telefone toca novamente e, enquanto a mulher tenta gritar com quem ela imagina ser seu algoz anônimo, ela ouve a voz em pânico do policial do outro lado da linha, dando-lhe a notícia apavorante: a ligação está vindo de dentro da casa! A ideia do perigo iminente estar *tão* perto, e o choque daquele momento, me aterrorizam. Não tenho certeza se fui o mesmo desde então. Tenho 51 anos e, quando estou sozinho em casa, ainda ligo todas as luzes — e a TV — e a secadora, por alguma razão.

Esta é a verdadeira história da religião nos EUA. Como alguém que encontrou asilo e sustento dentro do cristianismo organizado, a percepção mais séria sobre os últimos anos, à medida que crescemos mais divididos e zangados como nação, é que o maior ataque à fé de minha infância, e às pessoas vulneráveis ao meu redor, parece um trabalho interno. Embora nós, religiosos, tendamos a buscar causas externas para o declínio dos fiéis nas igrejas (mudança nos hábitos sociais, secularização da cultura, teologia diluída, "agenda gay"), frequentemente temos dificuldade em olhar no espelho. Se refletíssemos e tivéssemos conversas honestas uns com os outros — e o mais importante, com as pessoas de fora de nossos encontros — provavelmente descobriríamos que as feridas mais graves no corpo de Cristo foram autoinfligidas. A Igreja não está lutando contra o mundo rebelde, infiel e pagão, como sempre me ensinaram, mas com ela mesma. E, como resultado, me vejo em duas batalhas ferozes ultimamente. Estou ao mesmo tempo lutando *com* e *por* minha tradição de fé. Há dias em que estou trabalhando apaixonadamente para convencer pessoas desiludidas a ficar lá, porque quero que elas experimentem a beleza que vi em primeira mão; em outros, digo a elas para saírem, como se o Godzilla estivesse prestes a devorá-las, porque eu sei quanta destruição ela está causando, a maneira como está atacando pessoas vulneráveis e o poder corrupto que exerce contra os já marginalizados.

Provavelmente, você já viu o meme onipresente difundido, ou em um ponto ou outro você postou ou expressou o pensamento contido nele: *Não Posso Ser Adulto Hoje*. É a ideia de que o que quer que seja exigido de seres humanos adequados, responsáveis e adultos, simplesmente, no dia a pessoa não é capaz de fazê-lo. Por qualquer razão, neste dia, a tarefa de *ser adulto* parece impossível. Tenho sido cristão pela maior parte dos meus 51 anos, pastor na igreja local por mais da metade deles. E, em muitas das últimas manhãs, verifiquei o Twitter, assisti às notícias, me afastei de conversas familiares ou saí de reuniões da igreja e pensei comigo mesmo: "Não posso ser cristão hoje." Não posso mais estar preso a essa coisa que é tão tóxica e dolorosa para tantos. Eu não posso batalhar por nenhuma teologia ruim e comportamento predatório de pastores fervorosos que parecem unicamente preocupados em excluir, ferir

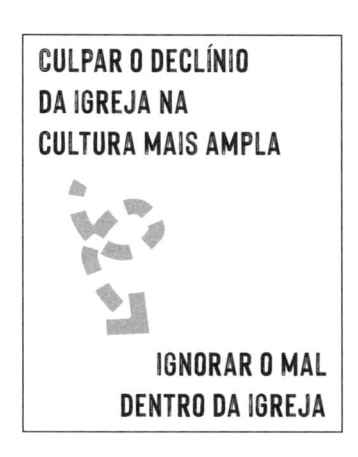

CULPAR O DECLÍNIO DA IGREJA NA CULTURA MAIS AMPLA

IGNORAR O MAL DENTRO DA IGREJA

e causar danos. Não posso vasculhar toda essa maldade e amargura disfarçada de cristianismo para tentar descobrir o que ainda vale a pena manter. Não consigo mais bater na testa enquanto leio os tuítes de outro evangelista-celebridade sobre muros na fronteira, ou quando vejo um vídeo viral de pessoas descontentes, vomitando discursos racistas em restaurantes de fast-food — tudo enquanto dizem seguir o mesmo Jesus que eu. Não posso mais me desculpar por pessoas que estão machucando deliberadamente outros seres humanos em nome de um Deus que eles pregam que é amor. Não consigo me alinhar com as violações dos direitos humanos, o racismo declarado e o nacionalismo raivoso que definem o cristianismo nos EUA. Se ser cristão agora significa isso — me inclua fora disso. Podem ficar com essa religião.

Talvez você seja um cristão, ou ex-cristão, que entenda essa exasperação. Talvez você já tenha experimentado a sensação de ter uma coisa que antes fazia você se sentir em casa e que, de repente, parece solo estrangeiro; uma visão de mundo religioso, que era sólida como pedra e, gradualmente, começou a ser instável; coisas que você sabia que sabia com todo o seu ser se tornam algo que você não tem mais certeza. Você pode estar vivendo com a tensão de ser associado com algo que, agora, suspeita que possa estar lhe fazendo mais mal do que bem, e está considerando se é melhor ficar e mudá-lo ou desertar, em busca de um novo horizonte. Eu entendo. Diante disso, me pego fazendo uma pergunta que gosto de fazer a seguidores de Jesus igualmente frustrados: "O cristianismo ainda é útil?" Não verdadeiro, real, demonstrável ou nobre — é útil? Seu efeito prático sobre a humanidade é redentor? É marcado principalmente pelo amor, ou por outra coisa? À medida que procuramos ser agentes de compaixão no mundo e interagimos com mais pessoas que conhecem a história de Jesus apenas por meio de Franklin Graham, pelos Proud Boys da direita alternativa, leis de banheiro discriminatórias e proibições aos muçulmanos — reivindicar essa fé é inconveniente para a criação de relacionamentos autênticos, por causa da barreira intransponível que representa? O nome *cristão* agora está tão inextricavelmente entrelaçado com misoginia, fanatismo e homofobia que não pode ser desvinculado? Agora que foi tão politizado e utilizado como arma de um partido político, para seu ganho próprio, poderemos esperar recuperá-lo? Nós perdemos o nome de Jesus para construtores de muros, transfóbicos e supremacistas brancos? As respostas não parecem encorajadoras.

Em uma pequena reunião em Tulsa, antes de uma palestra, uma mulher chorosa se aproximou de mim e compartilhou a história da dolorosa decisão de deixar sua igreja de longa data, depois que a posição desta sobre imigração e a resposta dos protestos Black Lives Matter se mostraram irreconciliáveis para ela, dada a sua compreensão da vida e do ministério de Jesus. Ela serviu em vários comitês enquanto estava lá, liderou programas sociais e desafiou os líderes da igreja a serem mais explícitos em questões de justiça — mas, no fim das contas, ela não conseguiu se conformar com o ritmo lento de movimento e com o silêncio nos dias em que queria que a comunidade falasse. "Eu sinto que perdi", disse, "como se tivesse desistido muito rápido, como se talvez eu devesse permanecer

e mudar a igreja". "Você *mudou* a igreja", respondi. "Você a deixou."
Lembrei-lhe de que ela havia renovado aquela congregação específica durante aqueles anos, com sua presença — e que ela ainda
a estava alterando com sua ausência; e que ambas eram honrosas.
Assegurei-lhe que não só sua antiga igreja foi impulsionada coletivamente em direção à equidade e à diversidade, devido a ela estar
lá por todo esse tempo, mas que sua partida pode servir como um
catalisador para decisões que poderiam nunca ser tomadas. (Ela
pode ter sido a "última gota" do desgaste humano, fazendo com que
os líderes acordassem.) Eu a encorajei por ela estar criando uma
comunidade inteiramente nova agora, na qual ela poderia ser uma
versão mais autêntica de si mesma, tendo desafiado a igreja ou não.
Ela concordou, mas todas essas coisas não diminuíram a sensação
de perda que sentia.

Embora seja uma conexão bastante tênue nos dias de hoje, ainda
estou preso à minha tradição religiosa, por uma combinação de
convicção pessoal presente junto com a memória muscular espiritual
do meu passado — e agora, honestamente, parece mais a última do
que a primeira. Há um desgaste em minha alegria ultimamente,
quando considero as companhias que a palavra *cristão* me trouxe.
Tenho achado mais difícil, a cada dia que passa, reivindicar exter-
namente essa fé, devido à associação imediata que sofro ao fazer
essa declaração, sob o olhar do mundo. Isso me alinha com políticos
homofóbicos, celebridades evangelistas que odeiam muçulmanos
e guerreiros sazonais de Natal, perpetuamente oprimidos; com
pregadores armados; trolls condenando ao flagelo eterno, nas
redes sociais, e presidentes predatórios. Ela agora me alinha com
as coisas menos parecidas com Jesus que posso imaginar e, honestamente, isso me entristece. Para algumas pessoas, isso é tudo que
o cristianismo é — e, portanto, é o que define a mim e a todos

HONESTIDADE SOBRE AS FALHAS PASSADAS DO CRISTIANISMO

UM JESUS MELHOR REFLETIDO HOJE COLETIVAMENTE

os outros cristãos professos aos seus olhos. Essas pessoas acreditam que me conhecem: minha opinião política, paixões, convicções. Elas acham que sabem como me sinto sobre casamento gay, imigrantes e direitos das mulheres. Elas não percebem que também estou enojado com essa coisa que afirma ser o cristianismo. Não sabem que estou tão preocupado quanto elas em resistir às suas toxinas. Não sabem que estou nessa turbulência com elas. Não veem que eu entendo totalmente que essa monstruosidade, que afirma ser de Jesus, seria irreconhecível para ele — que ele ficaria tão horrorizado com isso quanto elas e eu. Vendo a religião barulhenta e raivosa, que muitas vezes está com o microfone, eu quero ser uma opinião totalmente dissidente. Quero que a expressão da minha fé os faça pelo menos pensar duas vezes.

Às vezes, não sei por que alguém escolheria o cristianismo, se já não fosse cristão. Eu amo minha tradição de fé. Eu não posso ter uma história de origem diferente da que tenho. No entanto, por mais significativo que tenha sido e, às vezes, ainda seja, estou ciente do fato de que foi minha herança espiritual: a história de Deus que me foi dada, inicialmente, pelas pessoas que me criaram. Se eu tivesse vindo ao mundo em outro lugar e tempo, em outra família, teria uma história completamente diferente. Deus não teria mudado, é claro — mas tudo sobre a forma como vejo, descrevo e entendo esse Deus inalterado seria profundamente alterado. Essa verdade me permite respirar, quando sinto que a pressão para ficar na minha velha história se torna sufocante: Deus também está fora dela. Vai além de um prédio

Isso pode parecer uma tendência desconfortável para o universalismo e, da melhor maneira, imagino que você esteja certo. Não é que o que você crê não importe, é que o objeto da sua crença não está vinculado a essas coisas. Se somos pessoas de fé, nossas tradições religiosas são grandes para cada um de nós. Eu sei que, de muitas formas, nunca serei capaz de me identificar completamente; ainda sou cristão porque eu sempre *fui* cristão: porque eu sei o que sei sobre Jesus, e posso ver quando as pessoas estão roubando sua identidade e aviltando seu legado. Eu sei quando estão distorcendo as Escrituras para subjugar as pessoas; quando estão moldando Deus à sua própria imagem estarrecida; quando estão colocando verniz de religiosidade em algo sem valor redentor. Como experimentei o tesouro autêntico de uma comunidade diversa e amorosa, sei quando um Cristo falsificado está sendo vendido por pessoas que negociam com fanatismo. Sou capaz de ver as fraudes e os falsos profetas, porque experimentei o real e o belo dessa fé — mas nem todos experimentaram, e por isso não os culpo por rejeitar tudo. Muitas vezes, é completamente rejeitável. Jesus passou boa parte de sua vida reconhecendo esse mesmo movimento religioso prejudicial e, assim, suas objeções fazem sentido para mim. Se tudo o que eu tivesse para continuar fosse essa coisa maléfica, faminta de poder, intimidadora e amarga que vejo correndo solta todos os dias nos EUA, eu também fugiria. Se seguir Jesus significasse assinar embaixo de tudo isso, eu também não teria interesse. Infelizmente, a Igreja Americana tornou-se, de muitas maneiras, o maior argumento para alguém não se tornar cristão, para rejeitar a religião organizada e nunca olhar para trás.

Se isso fosse tudo o que há nessa fé, eu também desistiria dela — mas conheço a verdade. Eu sei que há outras expressões do cristianismo aqui, apesar de não terem megafones, megaigrejas e alcance de redes sociais. Há comunidades inclusivas e redentoras, cheias de pessoas com empatia, generosidade e misericórdia; seres humanos que se esforçam sinceramente para imitar Jesus e que se envergonham, com razão, pelo ódio perpetuado em seu nome; que acreditam em amar o próximo como a si mesmas, e em acolher o estrangeiro excluído; que acreditam que a mesa está à disposição para todos que têm fome, e que acreditam que a compaixão é a nossa maior aspiração. Há milhões de cristãos que rejeitam a mesma intolerância que aqueles que agora estão fora das comunidades religiosas locais; que, como eles, estão enojados com a mesma hipocrisia; que condenam a mesma violência que eles; que também lamentam profundamente o ódio. Se você fez seu êxodo da religião organizada, talvez essas razões não sejam suficientes para você reconsiderar, mas espero que sejam o suficiente para que saiba que as pessoas estão ao seu lado, que muitos de nós que afirmam ter fé em Jesus não têm interesse nesse tipo de cristianismo, porque sabemos que Jesus também não teria. Quando as pessoas nos Evangelhos eram empurradas para periferia por religiosos sem amor, geralmente acabavam mais perto de Jesus.

Não muito tempo atrás, eu estava debatendo no Twitter com uma mulher que se identificava como agnóstica queer de cor. Ela estava lamentando a maneira como ela sente que os evangélicos do Cinturão da Bíblia venderam suas almas e apoiaram candidatos políticos racistas sem remorso, a maneira como eles intimidaram sobreviventes de agressão sexual, demonizaram imigrantes e fizeram da bandeira nacional um ídolo. Implorei a ela: "Não se deixe influenciar por isso! Essa coisa violenta e perversa não é o cristianismo!" Ela respondeu: "Na verdade, John, isso *é* cristianismo. De um modo geral, essa tem sido a minha experiência com os cristãos.

Esta é a regra: todo esse veneno, medo e sexismo. Pessoas como você são exceções. Pessoas como você são isoladas. São os estranhos." Ela disse: "A sua heresia é o que amo em você!" Em outras palavras, a ideia de um cristão parece paradoxal para ela, uma aberração que se desvia muito da norma.

Parte de perpetuar uma expressão mais amorosa da tradição de fé de Jesus é lidar com a realidade de que grande parte desta é uma responsabilidade, conforme nos envolvemos com um mundo cada vez mais desconfiado daqueles que compartilham a nossa designação. Eu suspeito que minha conhecida de rede social fala por muitas pessoas. Mais do que nunca, o cristianismo é sinônimo de discriminação e exclusão, o que significa que os seguidores de Jesus de coração aberto, amantes da igualdade e receptivos à diversidade podem precisar fazer uma escolha difícil. Nós podemos precisar, de certa forma, nos separar disso para vivê-la plenamente. Talvez precisemos perder nosso status de *cristãos em boa reputação* para manter nossas almas e revelar um Jesus que foi oculto no próprio sistema.

As pessoas me contam coisas. É um dos maiores tesouros deste trabalho. Quando eu me encontro com estranhos que leram minhas publicações, eles geralmente se sentem seguros para compartilhar o que talvez não possam contar a mais ninguém — às vezes quase imediatamente. Elsa foi uma delas. Alguns meses atrás, nos encontramos após um simpósio em uma igreja local e, depois de uma breve e despretensiosa conversa fiada, sua voz tremeu quando começou a contar sobre uma época devastadora em sua vida: perda, tristeza e desamparo, de um tipo que eu nunca vou compreender — pelo menos espero que não. Sua história me arrasou. Eu fiz o máximo para ela saber que era compreendida e tentei encorajá-la como pude naqueles poucos momentos, cercado por centenas de pessoas que não tinham ideia da gravidade de nossa conversa, ou da dor escaldante e do pânico desorientador que a assolava. Como nosso tempo estava chegando ao fim, Elsa pediu um abraço e eu o recebi de bom grado. Ela enxugou as lágrimas que se acumularam em seus olhos e começaram a escorrer em suas bochechas, sorriu bravamente e disse, "Ser humano é difícil. Obrigado por me ajudar a não ser tão difícil para mim", e se foi.

Elsa está certa: ser humano é difícil. Não fomos preparados para isso. Nenhum de nós pediu para estar aqui, e não tivemos qualquer escolha sobre o momento e o lugar em que chegaríamos, o tipo de pessoa que nos acolheria e moldaria, ou sobre a maior parte do que aconteceu nas duas primeiras décadas de nossas vidas. E, mesmo após isso, nunca temos controle sobre muita coisa, apesar de às vezes imaginarmos que temos. Somos preparados para todos os tipos de medos, preocupações e fobias, estamos sobrecarregados com peculiaridades e idiossincrasias individuais, que tão facilmente atrapalham nosso progresso, e temos vozes persistentes, em nossas cabeças, que criticam, condenam e podem ser quase impossíveis de desligar. E, quando saímos de nossas cabeças e caímos no mundo, nos expomos também a um sofrimento impensável. As pessoas das quais nos aproximamos, às vezes, nos prejudicam e machucam. Estranhos proposital e não intencionalmente nos prejudicam. Perdemos aqueles que amamos de maneiras brutais, sem sentido e excruciantes. Apesar de nossos melhores planos, preparativos e intenções, muitas vezes as coisas desmoronam. Lutamos continuamente com perguntas sem respostas sobre os comos e os porquês de nossa existência. Assim como Elsa, todos precisam de algo que torne o peso tolerável, que torne as dores suportáveis, que nos faça sentir menos sozinhos, que deixe a luz radiante da esperança fluir pelas persianas — algo que nos ajude a tornar menos difícil ser um humano

Honestamente, não sei se o cristianismo organizado, no geral, ainda é útil. O que eu *sei* é que o coração compassivo de Jesus, que eu descobri nas histórias sobre ele, *é* útil — e urgentemente necessário. O mundo precisa de humanos mais compassivos, fazendo o que podem para viver desinteressada e gentilmente, e focados nos outros — e esta, provavelmente, é a maior aspiração espiritual que podemos ter: deixar as pessoas se sentindo mais amadas

ERRAR A CAMINHO DA BONDADE

UMA RELIGIÃO MAIS AMOROSA

do que as encontramos. Eu quero ficar com as almas empáticas, não importa de onde elas venham, como se chamam e quem elas declarem ser Deus, porque essa é a necessidade mais urgente que vejo no mundo. Eu quero estar com a multidão díspar que acredita que cuidar dos outros é o melhor caminho, mesmo que isso signifique nunca mais pisar em uma igreja, ou fazer o trabalho difícil de renovar aqueles aos quais estamos conectados. As pessoas que são assoladas pelas tempestades desta vida não precisam de mais santos autoidentificados, sem coração, amor e alegria, alegando que são cristãos enquanto batem nelas. Elas precisam de pessoas que simplesmente se importem de uma maneira que imite Jesus, pessoas que vejam como é difícil ser humano e se sintam pressionadas a tornar isso um pouco mais suave. Quando sair deste lugar, não estou muito interessado em ter alguém que me declare um religioso, de maneira apropriada, ou propriamente cristão. Prefiro que digam que, para os marginalizados, sozinhos, feridos e invisíveis, para as pessoas fatigadas, feridas e cansadas ao meu redor nesta vida — eu fui útil. Isso é algo no meu controle. Esse é o trabalho interno que importa.

Capítulo 13

UM MOVIMENTO SEMI-PRÓ-VIDA

Acho que praguejo muito ultimamente. Não estou falando de uma indiscrição verbal infrequente, mas de um fluxo constante e prolífico, no nível de George Carlin, de estilo livre de palavrões. Não tenho orgulho dessa revelação, mas também não estou me desculpando. Após alguns meses de uma leve culpa persistente, cheguei à conclusão de que, dadas as condições muito abaixo do ideal (uma quarentena prolongada com dois pais autônomos, dois filhos estudando online e dois cães vivendo o melhor de suas vidas), lançar algumas palavras com F, catárticas e oportunas, ao vento me ajuda a encontrar um pouco de equilíbrio mental, no tumulto vertiginoso de um desastre planetário sem precedentes — essa é uma troca relativamente aceitável. Essa parte impolida de mim não é bonita, mas é honesta, e estou confortável com esta combinação: *autenticidade feia*. Pensando nisso, o melhor tipo de religião funciona dessa maneira: verdadeira, mesmo que um pouco menos bonita. É uma pena que muitos de nós gastemos tanta energia para manter uma bela mentira, quando um Deus, que é realmente amor, faria esse fingimento desnecessário e bastante herético.

Quando perdemos nossos filtros e fachadas (seja por escolha ou apenas sobrevivência), as versões mais verdadeiras de nós mesmos aparecem e — dependendo do que é revelado e de quem está vendo — os resultados podem ser gloriosos ou trágicos, a mudança pode ser bem-vinda ou desanimadora. Dito isso, a verdade vem com um custo. Nos últimos anos, encontrar tantos cristãos professos sem filtros tem sido uma fonte de profundo pesar para mim. Estou vendo muitas pessoas pela primeira vez, e não está sendo prazeroso. Aprende-se muito sobre outras pessoas e sobre si mesmo durante uma pandemia. Uma dieta diária prolongada de isolamento forçado, urgência constante, sensação de desamparo e terror abjeto tende a tirar qualquer pretensão e revelar as partes menos lisonjeiras de nós mesmos: as partes às quais geralmente somos capazes de alocar energia suficiente para manter escondidas. Sob condições normais, um fino verniz de decoro e um pouco de religiosidade ornamental podem cobrir uma infinidade de pecados, por longos períodos de tempo, mas o trauma cataclísmico em massa, como o que vivemos na esteira da COVID-19, não permite esse rendimento emocional tão dispensável. Nos dias em que os voos estão suspensos, as prateleiras vazias, as escolas fechadas e nossas margens são escassas, precisamos desses recursos preciosos apenas para sobreviver, e algumas atividades decorativas desaparecem. Nós nos tornamos um pouco mais quem somos em nossa essência — e é por isso que dizem que as crises não criam caráter, mas simplesmente o revelam.

Em uma manhã recente, notei uma postagem na rede social de uma velha amiga, de minha antiga igreja. Perdemos contato há alguns anos, e ver o nome dela na minha linha do tempo imediatamente chamou minha atenção. Logo desejei que não houvesse chamado. Ela redigiu um discurso venenoso, expressando indignação por ser "forçada" a usar máscara no supermercado: alegando perseguição pessoal, criticando nosso governador democrata, condenando a mídia liberal publicamente, censurando o gerente da mercearia

local — e, desafiadoramente, se recusando
a usar a máscara, argumentando que "Deus
a protegeria". (Ela não fez menção às outras
pessoas ou ao fato de Deus não ter "protegido"
em torno de 7,8 milhões de americanos até então.) Em um fluxo final de disparates furiosos,
ela também reclamou do Black Lives Matter e
dos "saqueadores" que mereciam as balas de
borracha que receberam de tropas federais,
fortemente armadas, em Portland, na noite
anterior. Se o nome e a foto da minha amiga

FIXAÇÃO NO ABORTO

UMA COMPREENSÃO LIMITADA DA VIDA

não tivessem aparecido em cima desse manifesto amargo e rancoroso, eu nunca a teria identificado como a autora, nem suspeitado
que ela seria capaz de tal insensibilidade. Essa é a mesma mulher
que exibia, com orgulho, suas convicções "pró-vida", até mesmo no
para-choque traseiro, desde que eu a conheci. Era profunda a dissonância cognitiva de ver seu vigoroso protesto *contra* as máscaras,
no meio de uma crise mortal de saúde pública, e sua crueldade em
relação aos que protestavam contra a brutalidade policial — embora, provavelmente, não tenha sido tão chocante para o meu sistema
quanto poderia ter sido, se não fosse uma experiência tão comum:
enfrentar a hipocrisia de professos cristãos pró-vida que mostram
desrespeito por grande parte da vida neste planeta.

   É difícil, para as pessoas de fora do cristianismo organizado,
entender como tantos crentes conciliam essa inconsistência predominante, ou justificam uma lealdade feroz a um político ou partido, com
tanto desprezo diante de tantas iterações da humanidade — tudo em
nome da proteção da vida humana. O problema do aborto tem sido
apontado por milhões de pessoas, autoidentificadas religiosas, como
a gota d'água, como algo além de linha do aceitável, uma questão a
ser perseguida obstinadamente — mas a falta de uma ética pró-vida
consistente em relação a diversos seres humanos sencientes, que já

saíram do canal do parto, é algo que uma geração de pessoas fiéis, ex-fiéis ou sem fé não pode entender nem aceitar. Eles, com razão, não conseguem compreender como tantos seguidores de Jesus são, aparentemente, capazes de colocar a palavra "aborto" do lado de uma enorme escala moral — e que acham muito mais importante do que as vidas de crianças enjauladas, vítimas de massacres, homens pretos assassinados; ou as ameaças predominantes de pobreza geracional, racismo sistêmico e uma ladainha de atrocidades contra direitos humanos, que eles mal parecem notar ou se importar.

Há uma série de explicações para esse fanatismo, altamente seletivo, das pessoas religiosas; mas, por fim, acho que se resume a preguiça e autopreservação. Acho que os embriões são relativamente fáceis de defender. Eles não usurpam o privilégio das pessoas ou confrontam suas políticas, desafiam sua teologia ou exigem muito deles, em termos de mudança de estilo de vida. É uma forma limpa de ativismo, certamente muito menos confusa e desconfortável do que ter que defender pessoas que você não gosta, ou que declarou como inimigo, ou pessoas que você tem medo, porque foi condicionado por seus pais, pastores, canais de notícia e professores de seminário. Ao apostar (digamos) tudo na defesa ferrenha da vida no útero, os religiosos podem se sentir intoxicados, facilmente inebriados pela autojustiça e pela virtude moral — sem ter realmente *amado as pessoas*: elas são estranhas, díspares, desconfortáveis de se estar perto. Isso porque os embriões podem ser idealizados em algo agradável e palatável, desprovido de qualquer uma das características confusas, que eles consideram indesejáveis em seres humanos reais. Eles ainda não são gays, muçulmanos, liberais, pretos, pobres ou ateus (ou qualquer outro qualificador que o incomode) e, assim, a afinidade com eles é descomplicada, a solidariedade com eles não cruza as linhas de seu tribalismo. Crentes antiaborto podem se sentir como nobres defensores da Vida, enquanto ainda mantêm seus preconceitos, ressentimentos e ódio. Eles podem distribuir todos os tipos de crueldade, e expor os seres humanos a formas impressionantes de intolerância — e ainda dizer que estão defendendo a vida.

Pessoas fora desta caixa teocrática reconhecem o problema com um fervor mais limitado e bélico: uma vez que esses embriões não são mais embriões, esses supostos amantes da vida muitas vezes não os tratam como se fossem humanos. Depois de 9, 13, 32 ou 65 anos, quando aparecem em suas comunidades, em prontos-socorros e ao longo de suas fronteiras precisando de comida, refúgio, assistência médica ou compaixão — não são mais algo sagrado ou belo. A menos que *essas* vidas estejam de acordo com os critérios mais limitados e rigorosos, elas são, com frequência, consideradas ameaças a serem neutralizadas e adversários a serem destruídos.

Embriões que se tornaram adolescentes LGBTQ não são dignos de sua proteção. Em vez disso, recebem seu desprezo, suportam o peso de suas piadas e absorvem toda a condenação de sermões de condenação. Eles não podem se casar, usar um banheiro público ou conseguir benefícios para seus parceiros sem serem agredidos a cada momento por esses "amantes da vida". Embriões que se tornaram migrantes aterrorizados, fugindo do crime e da pobreza, e pressionados pelo mais urgente desespero, não merecem a defesa apaixonada, dentro de seu país, que poderiam ter recebido enquanto estavam dentro do útero. Pelo contrário, eles mantêm seu desprezo, desconfiança e completa amargura perversa, do tipo que constrói muros. Embriões que se tornaram adultos de meia-idade, doentes, lutando contra tumores em metástase, encarando contas astronômicas de quimioterapia, e desejando atendimento médico que não os leve à falência, não provocam um pingo da empatia que teriam conquistado quando ainda eram microscópicos. Embriões que um dia precisaram de assistência governamental para manter a energia elétrica ou a comida na mesa para seus filhos, porque suportaram adversidades impensáveis durante suas jornadas e não serão recebidos com abraços chorosos dos autoproclamados *amantes da vida*. Eles serão ridicularizados como preguiçosos e irresponsáveis, instruídos a se sustentarem com seus próprios méritos, sem nunca os terem reconhecido. Embriões, que um dia assistem a cultos em comunidades muçulmanas em torno desses cristãos brancos, não recebem nenhuma defesa apaixonada e não são celebrados com efusivos solilóquios de rede social. Em vez disso, são rotulados como simpatizantes de terroristas e excluídos, via proibições de viagens; têm sua liberdade religiosa ignorada e sua própria existência ressentida, com frieza, na fila do caixa e olhares de esguelha nos aeroportos.

Mais irônico que tudo, embriões que se tornam mulheres que desejam autonomia sobre seus próprios corpos descobrirão que suas vidas e vontades agora não são prioridade. Elas serão legalmente subjugadas por aqueles que uma vez as declararam preciosas. E os cristãos "pró-vida" fazem tudo isso (eles afirmam), porque acreditam que embriões são seres humanos e querem que esses amados seres humanos embrionários sejam valorizados, defendidos e protegidos a todo custo; o que soaria bastante admirável se essa fosse a história toda — mas não é.

É um desafio adotar uma ética pró-vida consistente em relação aos cuidados de saúde, pobreza, meio ambiente, violência armada ou pena de morte — porque pode significar ter de enfrentar a hipocrisia de nossa conduta atual em relação às comunidades vulneráveis. Viver com coerência em relação à vida humana exigiria uma empatia, que pode ter um preço muito alto a pagar; exigiria de nós uma equidade que invade o nosso conforto, e isso significaria enfrentar a realidade do nosso privilégio. Na verdade, chegar à defesa fervorosa e completa da vida significaria confrontar nossas fobias, medos e preconceitos, e nenhum de nós está com pressa de fazer essas coisas.

Em um comício de campanha em Panama City Beach, na Flórida, o presidente Trump falava sobre uma suposta crise de imigrantes que ultrapassavam as fronteiras dos EUA, quando alguém na multidão gritou: "Atirem neles!" Irrompeu um grande sorriso no rosto de Trump, como o do Gato Risonho, enquanto dizia sarcasticamente: "Só no Panhandle (como é conhecida a região) você pode se safar com essa afirmação, pessoal."[1] A multidão riu e rugiu em aprovação. Mais tarde, eles republicaram vídeos, em apoio, nas redes sociais. Esses "cristãos pró-vida" ficaram orgulhosos daquele momento. Esses defensores, autodeclarados, da sagrada vida humana estavam rindo da sugestão de assassinato. Um incidente como esse é revelador porque expõe a duplicidade que permite que as pessoas sejam seletivamente amorosas, desconsiderando muito da humanidade em seu caminho.

UMA ÉTICA DE VIDA CONSISTENTE

UMA ESPIRITUALIDADE MAIS COMPLEXA E ROBUSTA

Eu acho que a nossa fé demanda mais de nós. Minha vida de estudos, orações, ativismo e reflexões me convenceu de que o verdadeiro teste decisivo para um cristão professo (e para qualquer pessoa de fé, moralidade e consciência, a propósito) não é uma política específica, posição declarada, isolada, ou qualquer slogan que você afixe em um púlpito — é a resposta para uma única e elemental pergunta: você se importa com os outros? Essa é a verdadeira medida *pró-vida*. Cristãos devem ser pró-vida no sentido mais verdadeiro, porque somos *a favor da humanidade*. Eu gostaria que mais cristãos professos pró-vida tivessem a mesma paixão por crianças migrantes, vítimas de tiroteios em escolas, crianças doentes, homens negros jovens, famílias muçulmanas, adolescentes LGBTQ, meio ambiente e igualdade das mulheres, que afirmam ter pelos embriões. Então, de verdade, podem ser pró-*vida* por completo, não seletivamente, e todos nós seríamos capazes de trabalhar juntos para cuidar da humanidade, onde quer que seja necessário fazê-lo.

O chamado de Jesus para amar os outros nos desafia a uma defesa mais ampla da vida: valorizamos ferozmente toda a vida? Defendemos tudo isso com paixão? Opomo-nos a toda legislação que a agrida? Estamos nos preocupando com ela, independentemente de onde resida? Nossa defesa das pessoas transcende a pigmentação, a orientação, a nação de origem? Até que muitos cristãos encontrem uma ética pró-vida que não seja limitada por política ou preferência, não seremos capazes de abraçar completamente nosso chamado de amar nossos próximos, e continuaremos a colocar uma barreira entre a Igreja e aqueles que pensam que o que importa é a humanidade, mais que um canal do parto.

Eu acredito que Deus é pró-escolha — e que a Bíblia nos diz isso. Se você afirma que Deus existe e que as Escrituras Cristãs são seu principal guia para entender o caráter desse Deus, você descobre muito cedo que o livre arbítrio é um grande negócio para Deus. Os primeiros capítulos do livro de Gênesis descrevem, em linguagem poética, a fala de Deus para toda a criação; forma, a partir do caos escuro e sem forma, cada pedaço radiante deste planeta e seus habitantes: toda a luz, forma e cor da beleza díspar deste planeta. Seja você crente ou não, provavelmente, conhece a história do Capítulo 1 de Gênesis: seis dias de grande arte, seis dias de exibições espetaculares de poder criativo, um barco cheio de animais, duas pessoas e um sétimo dia de descanso em sua própria bondade (seguido por uma árvore, um pedaço de fruta, uma serpente e a bagunça que se segue).

Muitas vezes nos concentramos na queda (o fruto proibido) na história, mas não conseguimos ver que o coração da narrativa da criação nos conduz a Deus dando aos seres humanos o direito de determinar seu próprio caminho. Eles são divinamente dotados de autodeterminação. Eles são cocriadores de suas próprias histórias. Eles não são robôs estúpidos ou bajuladores cegos. Eles podem escolher, porque Deus quer que escolham. Nem Deus, nem outras pessoas ou governos escolhem por eles. Embora não seja um relato literal, o primeiro capítulo de Gênesis apresenta o Criador de Todas as Coisas criando cada membro da humanidade inerentemente bom, especificamente original, tendo uma notável semelhança com Deus — e capacitados e qualificados para decidir quem eles são, como vivem, se movem e respiram ao longo desta vida. Para cristãos professos, é

SER MAIS DO QUE UM CRISTÃO DE QUESTÃO ÚNICA

BUSCAR A INTERCONEXÃO DE CADA QUESTÃO

incompatível com as intenções de Deus tentar controlar o corpo de uma mulher pela legislação, porque a lei maior diz que ela está no controle dele. Ponto. Para cristãos professos, não se trata de debater nada, mas se deve ser permitido que as mulheres tenham ou não o que Deus já lhes deu: escolha.

E para qualquer suposto crente, que afirma que a Bíblia os orienta, argumentar contra o direito de escolha de uma mulher é argumentar contra o próprio coração de Deus, conforme descrito nas Escrituras. Eu sou um homem cristão e pró-vida, no sentido de que sou a *favor* da vida das *mulheres* que têm autonomia sobre seus próprios corpos. Além disso, eu me rendo ao que elas fazem com sua autonomia, porque nem eu, nem ninguém, deveria ter jurisdição nisso. Cristão, você tem o direito de acreditar que a vida é sagrada. Eu certamente acredito. Você tem o direito de acreditar que os embriões são equivalentes a seres humanos totalmente formados e sencientes. Eu discordo dessa avaliação e podemos falar sobre o porquê. Mas você não tem o direito, seja por nenhuma passagem das Escrituras ou qualquer mandato bíblico, de impor legalmente sua vontade sobre outro ser humano, não importa qual justificativa você tenha para isso. Se você quiser debater, é totalmente bem-vindo. Você só vai ter que levar seus argumentos para alguém acima de mim e de qualquer outra pessoa — para um Deus decididamente pró-escolha.

Capítulo 14

SANTA FEROCIDADE

Um membro da família, que eu não via há anos, me mandou uma mensagem, aparentemente do nada: "Você está parecendo muito irritado ultimamente", disse ele.

"Bom", respondi, de imediato. "Eu estava com medo de não estar me comunicando com clareza."

Não apreciando adequadamente meu sarcasmo no espírito em que foi oferecido, ele continuou, severo: "Tenho pena de você, por toda essa irritação — especialmente para um cristão."

"Não tenha", eu disse. "Eu sei por que estou irritado e acho que vale a pena."

A raiva tende a ter má reputação na Igreja. É certo que não está entre os célebres "frutos do Espírito"[1] de Paulo, e não fará parte de uma pequena lista das características comumente nomeadas de Jesus, pela maioria das pessoas — mas, ao pensarmos em religião sem amor e cristianismo odioso, é importante esclarecer que raiva e amor *não são* mutuamente exclusivos. Na verdade, às vezes o que de fora parece simplesmente o primeiro, na verdade é profundamente motivado pelo segundo. Não é a raiva apenas pela raiva, mas pela justiça: um santo descontentamento que nos perturba internamente, primeiro até o estado de agitação e, depois, para a ação.

Sim, as tradições espirituais e os grandes pensadores, que vieram antes de nós, advertem corretamente contra a toxicidade potencial da raiva insalubre e cultivada. Buda disse: "Guardar raiva é como segurar um carvão em brasa com a intenção de atirá-lo em alguém; é você que se queima." Albert Einstein escreveu: "A raiva habita apenas no seio dos tolos." Platão alerta: "Há duas coisas das quais uma pessoa nunca deve ter raiva: do que pode evitar se irritar e do que ela não pode." E, é claro, Jesus pregou: "Mas em verdade vos digo que, se estiver com raiva de um irmão ou irmã, estará sujeito ao julgamento; e, se insultar um irmão ou irmã, estará sujeito ao conselho; e se você disser 'seu tolo', estará sujeito ao fogo do inferno."[2] Como um espírito bastante impetuoso, propenso a respostas apaixonadas ao mundo (vou creditar à minha mãe italiana esse dom), esse tipo de consenso sábio contra a raiva, bem... isso realmente me irrita.

O filósofo grego Aristóteles oferece uma forma diferente de pensar sobre as possibilidades redentoras de nossa indignação, e que merece ser considerada: "Qualquer um pode ficar irritado — isso é fácil — ou dar ou gastar dinheiro; mas fazer isso com a pessoa certa, na medida certa, na hora certa, pelo motivo certo e da maneira certa, isso não é para todos, nem é fácil."[3] Usar essas várias classificações para medir nossa expressão de raiva pode mudar o jogo, seja você uma pessoa de fé ou não: a pessoa certa; a medida certa; o tempo certo; o motivo certo; a maneira certa. Então, o *objeto* de nossa raiva, o *nível* de nossa raiva, o *momento* de nossa raiva, o *propósito* de nossa raiva e a *maneira* de nossa raiva, tudo importa. Essas perguntas de *quem, quanto, quando, por que* e *como* podem nos dar um filtro realmente útil para avaliar a natureza apropriada de nossa indignação e, mais importante, uma expressão produtiva dela. (Que *é* inerentemente espiritual. Vide: os patriarcas, os profetas,

Jesus, os discípulos etc.) Pode ser difícil avaliar essas coisas, especialmente quando a emoção anuvia nossas mentes, nos momentos em que mais precisamos de clareza. Isso porque nossa raiva no presente imediato é, muitas vezes, sobre algo diferente do que imaginamos que é. (Meu amigo, o ministro Doug Hammack, se refere a isso como "a coisa abaixo da coisa", que é a ideia de que, quando emoções aflitivas vêm à tona, geralmente não é sobre o momento presente e a fonte, aparentemente óbvia.) Por exemplo, quando alguém com quem você

AVALIAR O OBJETIVO E O PROPÓSITO DE NOSSA RAIVA

USAR A RAIVA APROPRIADAMENTE

mora não coloca um copo sujo na lava-louça e você perde a paciência, é provável que o copo não seja a razão: pode ser sobre você se sentindo desrespeitado ou ignorado, sobre se sentir frustrado com a sua incapacidade de manter a casa limpa, sobre a desorganização generalizada de sua família — ou até mesmo fardos muito mais profundos, como insegurança financeira, angústia existencial, conflito relacional não resolvido, desconexão emocional, luto profundo —; coisas que você vem carregando por décadas. O copo sujo na bancada não é a dinamite, mas o detonador.

Mas há momentos quando a coisa na nossa frente *é* a coisa: quando as fontes óbvias, no presente momento, que desencadeiam nossa indignação são, de fato, a pessoa e a hora certas — e temos que decidir a extensão, o motivo e a maneira correta de agir em resposta. Como pessoas espirituais, isso significa que convidamos Deus, um poder maior ou nossos melhores anjos, durante a raiva inicial, e deixamos nossa resposta ser a resposta a uma oração para a qual nem conseguimos encontrar palavras.

Na semana em meio aos protestos do Black Lives Matter, assisti a uma linha autointitulada Line of Moms, em Portland: um grupo de mulheres que deu os braços e ficou entre os manifestantes e uma presença paramilitar fortemente blindada e armada, enviada para lá precisamente para provocar, assediar e usar a força. Aquelas mães estavam indiscutivelmente zangadas, mas sua raiva era alimentada por seu amor pela humanidade e pela ameaça iminente a ela; sua raiva as empurrou para fora de suas casas e para aquelas ruas muito mais traiçoeiras. Não havia nada odioso, destrutivo ou mesmo hostil em suas ações, mesmo que estivessem sendo recebidas pelos oficiais como adversárias e muito difamadas por aqueles que se opunham ao BLM. Na verdade, seu desafio parecia um ato profundamente sagrado, simplesmente por ser uma presença que afirmava a humanidade. Era solo sagrado ali, na calçada em Portland, e se assemelhava a Jesus tanto quanto qualquer sermão cuidadosamente elaborado. Acontece que o ódio e a raiva estão muitas vezes nos olhos de quem vê.

Você já conheceu alguém com raiva que não acreditava estar certa em estar zangada? Nem eu. Cristãos tendem a se justificar com a frase *raiva justa,* que eu gostaria de descartar, porque a verdade é que, seja você conservador ou progressista, religioso ou não, todo mundo acredita que sua raiva é justa, sua causa é justa, e seus motivos são puros (eu sei que eu costumo acreditar). Mas se há algum tipo de raiva que as pessoas de fé, moralidade e consciência devem aspirar é a *raiva redentora,* concentrando-se no que resulta de nossas respostas, fruto de nossos esforços e ativismo: elas trazem justiça, equidade e integridade? Mais pessoas são ouvidas, vistas e respeitadas em seu rastro? A diversidade é alimentada ou atacada por causa delas?

Pensando bem, a palavra *raiva* pode ser o problema, desde que obteve algumas relações públicas muito ruins nos últimos milhões de anos. Sugiro que as pessoas de fé interessadas em proteger o bem comum substituam a palavra *raiva* pela *ferocidade:* a forma como um cão de família defende ferozmente uma criança pequena de um ataque de coiote, a maneira como a mãe defende ferozmente seu bebê em um incêndio ou como minha esposa me defende violentamente quando há uma aranha na banheira. Ferocidade pela humanidade é o que deu origem ao movimento dos direitos civis, ao movimento das mulheres, à luta pela igualdade dos LGBTQ, ao movimento Black Lives Matter, impelindo as pessoas a atos de amor sacrificial em nome de outras pessoas. E a ferocidade por seres humanos feitos à imagem

CONVIDAR DEUS À NOSSA IRA

CANALIZAR EM ALGO MAIS REDENTOR

de Deus foi o combustível para Jesus virar a mesa, chamar os líderes religiosos, declarar solidariedade aos pobres e se deixar executar.[4] Eu acho que uma parte subestimada de Jesus, que tende a não aparecer em bordados e memes, é a sua raiva justa: suas objeções veementes, ao ver os poderosos atacando os vulneráveis, observar os hipócritas religiosos poluírem o sistema, testemunhar os bem alimentados vivendo de mãos dadas com os famintos. Você não pode ter essa resposta veemente ao mundo sem a raiva como propulsor. É o ponto de ignição do combustível espiritual do nosso ativismo.

E essa ferocidade pela humanidade, por mais necessária e pura que seja, muitas vezes será interpretada de forma negativa por aqueles que procuram causar danos à humanidade. Será rotulado como raiva e ódio por pessoas que se beneficiam da desigualdade e da injustiça — religiosos do lado oposto de nossas convicções, às vezes, tentam nos envergonhar e calar em nome de Jesus, com quem eles teriam um problema real. A bela indignação coletiva das pessoas boas é, na verdade, o antídoto para a religião odiosa. Essa *não retidão* é o que dobra o arco do universo moral em direção à justiça.[5] Não podemos nos dar ao luxo de ficar tão cansados, complacentes ou apáticos a ponto de perdermos nossa capacidade de ficar indignados, e não podemos nos preocupar tanto com o decoro a ponto de nos suavizarmos demais. Acho que temos que manter nossa intolerância à injustiça, porque ela vem de uma fonte sagrada que nos atará a outras pessoas. Quando você toma certa medicação por muito tempo, pode posteriormente desenvolver tolerância a ela. Ela já não funciona. Não podemos desenvolver tolerância à falta de humanidade, o que é incrivelmente fácil hoje, porque a vemos muito. Estamos sentindo esse profundo desconforto porque estamos defendendo ferozmente vidas do perigo, e as pessoas ao nosso redor sentirão o mesmo desconforto quando o fizermos, o que é um desafio para as comunidades de fé que preferem que todos se deem bem, mesmo que apenas finjam.

Os eventos de 2020 interromperam um ciclo de gentileza simulada e prevenção de conflitos, para muitas igrejas. A repercussão do assassinato de George Floyd, e os protestos e contraprotestos que se seguiram, quebraram essa tênue trégua em muitas comunidades e grupos religiosos locais, rompendo a fachada de civilidade e ousando expor as feridas cruas e as paixões escaldantes de nossas crenças centrais sobre raça. As simples palavras *Black Lives Matter* (Vidas Negras Importam) se tornaram um assunto delicado para os brancos religiosos, que simplesmente não podia mais ser ignorado. Criou um conflito genuíno dentro das comunidades que antes conseguiram contornar o assunto; e, embora invasivo, este é um momento oportuno. Lugares onde pessoas de fé, moralidade e consciência se reúnem devem ser ambientes corajosos, nos quais os aspectos mais difíceis do ser humano são expostos. Devemos ser marcados por nossas conversas difíceis, nossos silêncios constrangedores e nossas mesas viradas. Estamos invertendo a igreja ao imaginar que deveria ser a parte mais confortável e prazerosa de nossa semana: um lugar onde só temos bons sentimentos e pensamentos felizes. Não tenho certeza de que isso é bíblico, útil ou amoroso, porque há pessoas fora de nossos prédios que não têm esse luxo; elas estão do lado de fora, ralando pelas migalhas do pão de cada dia, vivendo, com celeridade, conforme sua condição predeterminada. Como pastor, às vezes desejo que as pessoas sob meus cuidados saiam de um culto da igreja sentindo-se confortadas, é claro, mas com a mesma frequência eu queria que ficassem preocupadas o bastante para fugir dele e irem a lugares aonde a dor é comum, a fim de torná--los menos dolorosos. Eu acho que é isso que o amor real faz. Eu acho que o amor verdadeiro é feroz e implacável, e corre o risco de ser mal interpretado, devido a quão apaixonado é.

SUPERVALORIZAR A GENTILEZA

VER COM BONS OLHOS O AMOR FEROZ DE JESUS PELA HUMANIDADE

Eu conduzi um retiro de liderança em uma antiga igreja presbiteriana em North Jersey, a uma curta ponte de distância da cidade de Nova York. Discutíamos a realidade de um Jesus disruptivo e de justiça social, quando uma doce mulher da equipe do ministério disse: "Somos boas pessoas, John, e somos conhecidos como uma boa igreja. E não queremos perder isso." Ela continuou: "Queremos continuar sendo bons!" Sorrindo, disse: "É bom ser do bem, mas talvez seja hora de deixar de ser legal e começar a ser como Cristo. Talvez, em vez de sermos legais, possamos ser audaciosamente amorosos e ver o que acontece. Talvez seja hora de começarmos a encarnar o coração ativista compassivo de Jesus." Houve alguns "améns" sussurrados e muito silêncio. Eu sabia que estava pedindo muito deles. Eu sabia que era muito mais fácil fazer algumas bandejas de salada de ovo e ser acolhedor com as pessoas. Certamente, não há nada de errado com essas coisas (na verdade, elas também são necessárias), mas há mais que podemos e precisamos fazer como agentes do amor divino.

Jesus nem sempre foi gentil. Ele sempre foi amor, mas não doce, suave como filmes e músicas românticas. Ele derrubou as mesas dos vendedores no templo por causa do amor pela casa de seu Pai. Ele avançou sobre os líderes religiosos hipócritas que elevaram sua posição e poder para explorar as pessoas — por causa de seu amor por aqueles que eram manipulados por eles. Ele declarou que sua missão era ser as boas novas para os pobres, doentes, vulneráveis e presos[6] porque os amou — o que soou como notícias ruins para os ricos, poderosos e corruptos. Como Maria declara, com gratidão, no Evangelho de São Lucas, a obra de Deus, que continuará por meio de Jesus, "derrubou os poderosos de seus tronos e exaltou os humildes; ...encheu de bens os famintos e deixou vazios os ricos".[7] Essa é a herança que estamos aqui para administrar individual e coletivamente.

Um amor que se parece com Jesus é feroz, audacioso, ousado e corajoso.

Um amor que se parece com Jesus não fica quieto, enquanto o fanatismo intimida os mais vulneráveis.

Um amor que se parece com Jesus não será obrigado a policiar o tom usado, de forma a ser gentil com a discriminação.

Um amor que se parece com Jesus não se desculpa por sua paixão pela humanidade.

Um amor que se parece com Jesus não murchará quando for rotulado como muito político.

Um amor que se parece com Jesus é perigoso para a injustiça, enfrenta a vilania, acolhe a turbulência.

Um amor que se parece com Jesus nos levará para fora da zona de segurança de nosso privilégio e para o desconforto das trincheiras.

Um amor que se parece com Jesus será chamado de político e raivoso e será amado de qualquer jeito.

Está tudo bem me chamarem de irritado. Apenas me certificarei de manter minha raiva direcionada à pessoa certa, na medida certa, na hora certa, com o motivo certo e da maneira certa.

Fique com raiva, boa gente.

Capítulo 15

AME SEU PRÓXIMO, DROGA!

Se você chamar o seu fornecedor de televisão a cabo para pedir um serviço, em algum momento da conversa, inevitavelmente, o representante lhe fará uma oferta: se você quiser adicionar serviços de telefonia e internet, eles podem fazer um pacote que será muito mais vantajoso do que se você contratar separadamente ou em outro lugar. Isso é conhecido como *agrupamento*. Supostamente, a vida é melhor quando você agrupa. A vida é mais fácil também. Eu gosto de agrupar porque me dá a sensação de que estou conseguindo algo de graça — e eu tenho muita prática nisso.

Recentemente, completei 51 anos de idade e estou mais do que um pouco envergonhado em dizer que levou muitos desses anos para começar a entender que, como um homem branco, cisgênero e heterossexual, que se identifica como cristão, tenho o Privilégio do Agrupamento — e isso foi pré-pago muito antes de eu nascer. Eu fui isento pelo meu avô (ou de tataravô), por assim dizer. A cor da minha pele, meu gênero, minha orientação sexual, minha profissão de fé, minha própria fisicalidade — tudo me protegeu de adversidades variadas, formou uma barreira contra uma grande quantidade de sofrimento que outros vivenciaram como rotina, abriu portas que eu nunca percebi que haviam sido abertas e me proporcionou uma vasta gama de vantagens — algumas das quais tomarei conhecimento e outras (apesar de todos os esforços), permanecerei alheio. No cerne desse aprendizado está a percepção de que fui beneficiário da desigualdade.

Mas essa não é a história que eu teria contado a você nas primeiras décadas da minha vida. Vivi com um conjunto de suposições, baseadas, em grande parte, no esquema particular do meu privilégio. (Você também tem um baseado nas suas.) Naquela época, eu teria dito a você que qualquer pessoa que trabalhasse duro teria as mesmas oportunidades de ter sucesso, embora, se minha mãe estivesse escrevendo isto, ela lhe diria que muitas vezes eu não trabalhava muito e, ainda, de alguma forma, em geral conseguia encontrar o sucesso. Esta é uma das dolorosas realidades que as pessoas de profundo privilégio precisam reconhecer: a quantidade maior de esforço que aqueles que não são privilegiados precisam despender para obter oportunidades, reconhecimento ou recompensa semelhantes. No início de minha jornada, eu teria dito a você que todos que desejassem teriam acesso igual à educação — enquanto frequentava uma escola particular, que muitas famílias não podiam pagar, tendo dois pais totalmente engajados em minha vida e nunca faltando comida, roupas, transporte, professores bem pagos ou condições que me permitissem prosperar. Eu teria dito a você que qualquer pessoa que seguisse as regras, obedecesse à lei e se comportasse com respeito não teria nada a temer durante uma blitz — ainda assim, posso me lembrar de estar no banco traseiro de nosso carro quando meu pai foi parado por excesso de velocidade em uma zona escolar e, antes do policial chegar à janela, gritou: "Apenas me dê a maldita multa!" (E, milagrosamente, ele só deu ao meu pai a maldita multa.)

Então, embora muitas das minhas evidências experimentais testemunhassem, em voz alta, o oposto de minhas suposições básicas sobre o mundo, me agarrei firmemente a essas histórias ficcionais, porque precisava que elas fossem precisas. Permaneci comprometido com uma narrativa sobre o mundo que eu queria que fosse verdade, porque a alternativa era ter o meu mundo virado de cabeça pra baixo por causa da desigualdade à minha volta.

RECONHECER O SEU PRIVILÉGIO

MAIOR CONSCIENTIZAÇÃO SOBRE OS DESAFIOS DOS OUTROS

Este é o sedutor poder do privilégio: quanto mais benefícios de um sistema tiver, mais fácil fica defendê-lo. Quanto maiores as vantagens que o *status quo* lhe dá, mais tentado você fica a resistir às mudanças nele. Quando você sempre teve o melhor e mais confortável assento na mesa, mais difícil é imaginar que há pessoas esperando do lado de fora. Quando você se beneficia da desigualdade — a igualdade muitas vezes não é uma prioridade. Quando você se beneficia da desigualdade, naturalmente estará alheio ou protegido das injustiças sofridas por aqueles a quem as desigualdades mais ameaçam — e sua religião será afetada da mesma forma. Você terá preconceitos que serão incorporados à sua teologia sem que perceba. Quando você é beneficiário de uma desigualdade, a equidade pode trazer algum desconforto. Eu quero que você pense sobre seu pacote específico e sem precedentes de privilégios, porque isso moldou sua história, e porque essa história pode ser seu maior professor, se receber um pouco de ajuda.

Todas as nossas histórias têm uma geografia específica, um lugar e uma hora específicos onde nos encontramos — um "bairro local" onde construímos nossas suposições, nossos preconceitos se formaram e nossos pontos cegos foram criados. Também é onde construímos relações, impactamos vidas e nos engajamos na ruptura.

Nos últimos 25 anos, meu "bairro" tem sido a Igreja, predominantemente as igrejas brancas do Sul, como pastor. Minha primeira igreja era diversa. Para comprovar, bastava visitar nosso site. Ele dizia que éramos diversos. Na verdade, a diversidade racial de nossa igreja ia do branco ao bege — e tudo no meio disso. Como um pastor, homem, branco, cisgênero e heterossexual em uma igreja amplamente branca, senti uma tensão crescente quando comecei a entender que poucas entidades nos EUA eram agentes mais poderosos da desigualdade do que a igreja cristã — como também raça, gênero, orientação sexual e nível socioeconômico. Se Jesus foi o construtor da maior mesa, o cristianismo organizado muitas vezes levou uma motosserra para ela. Isso não está em debate, realmente. A única questão atual é se ainda podemos ou não reestruturá-la, e a resposta se resumirá a quanto estamos dispostos a obter as melhores histórias e a ter uma visão mais próxima das pessoas a quem perdemos a capacidade de ver claramente, de onde estamos parados.

O lado positivo é que todos os nossos "bairros" (incluindo nossas igrejas) naturalmente criam um senso de afinidade e intimidade, o que é uma coisa linda — mas, se não tomarmos cuidado, podemos gradualmente nos tornar alienados, desconfiados com pessoas de fora, protetores de quem imaginamos que seja do "nosso bando". Quando isso acontece, pode ser mais fácil ver apenas as semelhanças das pessoas próximas a nós, enquanto enxergamos, ou que nos parecem ser, grandes diferenças entre nós e aqueles que vemos apenas à distância. Tanto na religião quanto na política, isso geralmente cria um preconceito sutil contra quem percebemos como estranhos, o que nos dá uma menor tolerância ao desacordo com eles. Acreditamos no melhor da nossa tribo e pensamos o pior de todos os outros. Isso, com certeza, acontece de vez em quando, mesmo nas comunidades de fé aberta, e todos nós, provavelmente, já estivemos dos lados de dar e de receber dessa exclusão.

Tendemos a complicar a vida e a religião, mas às vezes a resposta óbvia *é* a resposta. Às vezes, você só precisa se aproximar das pessoas para vê-las mais claramente; a proximidade normalmente é a melhor professora. Isso pode ser difícil de lembrar nos dias em que nossas interações mais comuns com as pessoas são por meio da proteção do tribalismo da rede social, onde pode ser mais fácil reduzir os outros a estereótipos, caricaturas e avatares inimigos, perfeitamente criados, ou a material para memes partidários. A religião, na melhor das hipóteses, deveria ser uma força gravitacional que atrai seres humanos uns para os outros, pois consideramos a divindade refletida na humanidade dos outros. Ela deveria reduzir a distância entre as pessoas, não ampliá-la; e as pessoas que levam a sério o maior mandamento fazem o trabalho árduo de chamamento e aproximação.

Não muito após as eleições presidenciais norte-americanas de 2016, minha querida amiga Susan reparou o quão fragmentado e contencioso o país se tornou, como o diálogo genuíno começou a diminuir, e ela passou pelo luto total. Em vez de permitir que a enormidade da discordância a paralisasse, ela decidiu fazer algo tão elementar quanto redentor: se aproximar dos inimigos. Susan foi criada em uma Igreja Batista do Sul e, atualmente, se identifica como uma Unitária Universalista (o que representa uma jornada espiritual bastante longa). Por meio de seus amigos e conexões em redes sociais, ela começou a convidar mulheres para vir a sua casa todo domingo, para almoçar e jogar bridge. Em vez de usar a ocasião para permanecer em um bunker semanal seguro, com um grupo de progressistas afins e agradáveis, ela intencionalmente encheu sua casa com mulheres cujas visões teológicas e políticas eram diametralmente opostas às suas. (Pense em devotos de Franklin Graham e bonés vermelhos de campanha política.) Essas eram outras mulheres brancas de meia-idade, que cresceram no Sul e foram criadas à base de chá doce, biscoitos frescos e evangelicalismo do Cinturão Bíblico, abençoado por Deus. A motivação de Susan não era mudar, corrigir ou converter suas convidadas (embora ela confessasse que um pequeno movimento para longe do Lado Sombrio seria um "acidente feliz" e bem-vindo), mas ouvir suas histórias, construir relações genuínas e aprender com essas mulheres o que ela não conseguia aprender à distância ou na segurança de sua câmara de eco. Essa proximidade sagrada caracterizou o Jesus sobre o qual ela cresceu lendo na escola dominical, que jantava com líderes religiosos, cobradores de impostos e ralé de rua; então, ela percebeu que poderia funcionar para ela também: um tipo muito diferente de escola dominical.

Neste ponto, você pode ficar tentado a imaginar a casa de Susan como uma cena do Ebenezer Scrooge [*Um Conto de Natal*, de Charles Dickens] no dia de Natal, com uma trilha sonora doce de arrependimento genuíno e transformação total.[1] Não. Essas reuniões eram, muitas vezes, um desastre. Em muitas conversas, nas manhãs de domingo, ela olhava para mim exasperada e dizia, "você viu as notícias dessa semana? Se você ainda ora, ore por mim, porque teremos que lidar com tudo *isso* mais tarde hoje!". O processo tem sido cansativo e desconfortável às vezes, mas houve momentos de luz brilhante entrando. Alguns meses atrás, Susan compartilhou um momento revelador em torno de sua mesa de jantar. A conversa mudou para o movimento Black Lives Matter e a fenda racial que divide os EUA. Conforme as mulheres faziam o possível para atravessar delicadamente o potencial campo minado à frente, sob montes de frango frito caseiro, uma delas começou a olhar melancolicamente para longe e lágrimas anuviaram seus olhos. Susan perguntou: "Por que está chorando?" Então a mulher falou, após uma pausa pensativa: "Simplesmente não entendo por que Deus criou outras raças." (Neste momento, fiquei grato por não estar presente. Provavelmente, teria respondido lembrando à mulher que, se Adão e Eva existiram, definitivamente não eram caucasianos — ou que o berço da civilização não vinha com uma loja chique.) Felizmente, Susan é sábia e menos impulsiva do que eu. "Me conte mais", ela respondeu. "Bem", sua colega de mesa claramente abalada respondeu, "se Deus não tivesse feito outras raças, não haveria racismo e todos poderíamos andar juntos".

ESTAR EXPOSTO A DIFERENTES HISTÓRIAS

EXPANDIR NOSSA COMPREENSÃO DE DEUS E DO MUNDO

Os encontros de Susan nos lembram do quão poderosas são nossas histórias de origem, como elas moldam a forma como vemos o mundo, imaginamos Deus e criamos nossos preconceitos. A mulher do lado oposto ao dela estava genuinamente sofrendo pela fragmentação que podia ver de onde estava; ela estava muito perturbada com as divisões visíveis — mas ela as estava vendo pelas perspectivas que distorciam os *porquês* de sua existência. Ela não era uma pessoa ruim; era uma pessoa boa com uma história ruim. Seja por causa da teologia em que ela foi criada, pelas lições de infância transmitidas pelos adultos em sua vida ou pela mídia à qual foi exposta, ou pela sua mitologia básica do mundo, que lhe dizia que *sua brancura* era a norma, a pigmentação básica da humanidade — e que qualquer coisa fora daquilo constituía "outras raças" e era, de alguma forma, inferior. Com essa suposição de trabalho, é perfeitamente razoável entender por que ela assumiria que Deus é branco. Para essa mulher, essas conclusões não são impulsos racistas ou declarações intencionalmente supremacistas; elas são um aprendizado natural, com base nas informações que ela recebeu. Ela tinha uma história cristã ruim, do tipo com a qual muitos foram criados. O Deus dessa história é volátil, caprichoso e, decididamente, sem amor, e isso coloca distância entre eles e muitas pessoas em seu caminho. Todos conhecemos pessoas como a convidada de Susan: boas pessoas, de verdade, com algumas histórias realmente ruins sobre Deus. Essas histórias tornam o racismo, a homofobia, o nacionalismo e a misoginia subprodutos lógicos.

Muitos de nós saímos de um cristianismo com uma história ruim, ou carregamos as cicatrizes de cristãos de histórias ruins com um Deus tragicamente subdimensionado. De muitas maneiras, o evangelicalismo branco é construído, em grande parte, sobre uma teologia desigual: a premissa fraudulenta de que Deus é um cara branco, cisgênero e heterossexual, que nasceu nos EUA, se identifica como cristão e cresceu como Republicano. Com isso como sistema operacional, se perpetuará, intencional ou inconscientemente, a injustiça contra pessoas que não se encaixam nessa lista muito es-treita de qualificadores — e isso fará com que as igrejas que essas pessoas enchem ou supervisionam resistam às mudanças que trariam qualquer movimento em direção ao equilíbrio em um mundo que, por milhares de anos, foi decididamente inclinado a seu favor. Essa visão de mundo religioso padrão torna as pessoas incapazes de ver com clareza, porque isso desafiaria, e possivelmente derrubaria por completo, toda a sua história acerca de Deus. É por isso que o investimento de Susan naquelas tardes de domingo bombásticas e esgotantes é caro e inestimável. Sem sua presença firme e seu desejo genuíno de saber por que alguém acredita de maneira di-ferente da dela, ela não estaria naquela mesa quando uma mulher de 55 anos, afligida por privilégios, começasse a reconhecer seus sintomas; quando ela está muito vulnerável para nomear sua dor e deixar sua guarda baixa o suficiente para realmente ouvir, porque ela confia na pessoa à sua frente para vê-la como mais do que um estereótipo. Acho que esse é o ponto confuso e precário em que podemos realmente amar nosso próximo, mesmo que não gostemos particularmente dele — ou gostamos, mas desprezamos algo em que acredita. Começamos com uma postura de curiosidade e nos comprometemos a aprender algo que não sabemos ainda sobre eles.

As implicações de um Criador que fez *tudo o que foi feito* são bastante debilitantes, quando você considera a empresa que mantém regularmente. Quando você conhece outra pessoa (independentemente de quem seja), está frente a frente com uma reflexão única, e que jamais se repetirá, da imagem de Deus. Isso será dessa forma com a próxima pessoa que conhecer, e com as centenas por quem passar no trânsito (até mesmo o cara que você acabou de ultrapassar), encontrar no supermercado e discutir nas mídias sociais. Se Deus é Deus, não há outra opção: cada um deles é feito de coisas de Deus, não importa quão amargos, cruéis ou mesquinhos possam ser, quão antipáticos você os ache ou quão difícil gostar deles possa ser. A cada dia você encontra milhares de miniaturas do Divino, animadas e respirando. Nenhuma delas O captura na totalidade, mas cada pessoa é uma peça pequena. Dessa forma, podemos começar a entender Deus como a soma total de 8 bilhões de fragmentos extraordinários costurados. Suponho que se Deus é amor, e o amor é universal, então um Deus universal é a única compreensão exata. Seria o cúmulo da arrogância dizer a um muçulmano, judeu, budista, sikh ou qualquer pessoa de qualquer perspectiva sincera que "Sua história pode ser significativa e revigorante para você, mas está errada". Quão pequeno estou tornando Deus quando faço isso? Quão aberto estou para ser levado a um lugar mais profundo e amplo? O quanto isso me torna um idiota?

Amar além de nossa capacidade quase sempre será inconveniente antes e bonito depois, raramente o contrário. Atos de redenção quase sempre são precedidos pelos fragmentos que os necessitam. (Às vezes precisam de reparo, porque estão quebrados: um relacionamento, um sistema, uma nação.) Não importa a história que contamos a nós mesmos, quando colocamos as pessoas no alvoroço, gritamos com elas ou as bloqueamos nas redes sociais, nada é tão bom quanto quando demonstramos a alguém mais decência do que ele merece, quando erramos por amá-lo — mesmo que sua resposta seja pouco agradecida.

A forma como você trata os outros, afinal, é a única expressão significativa do seu sistema de crenças; é o espaço onde seus valores estão em exposição total. Teólogos e estudantes seminaristas chamam isso de *ortopraxia* (suas ações) como opostas à *ortodoxia* (suas crenças). Jesus chamou de o "fruto"[2] da vida: a parte tangível, visível e sensível dos seres humanos, que reflete o que quer que tenha se enraizado em seus corações. A maioria das pessoas chama isso de pessoa de palavra. Quando se trata do centro de tudo, sua religião não é o que você acredita, sua religião é como você trata as pessoas. A única teologia real que vale a pena é a teologia relacional. Não existe nenhuma outra forma que seja significativa para outro ser humano. Tudo o que você tem passando pela sua cabeça, ou pode pregar, sobre um Deus de amor é, em última análise, inconsequente. Suas crenças pegam as coisas infinitas, estratosféricas e cheias de maravilhas do cosmo e as reduzem em algo que você pode segurar na mão. À medida que convivemos com as pessoas, o teórico e o abstrato se tornam realidades tangíveis e pessoais. Nossa postura teológica é revelada nos pequenos lugares onde nossas vidas se misturam com as de outras pessoas. É muito fácil repetir que você "ama seu vizinho", mas é muito mais desafiador amar seu verdadeiro vizinho quando ele é um idiota abjeto.

Nossas convicções, doutrinas e códigos morais só existem na medida em que estamos dispostos e somos capazes de encarná-los. Jesus pôs a mesa, porque seu coração o compeliu a tal. De vez em quando, agimos de acordo com a crença, ou fazemos algo que nos leva a uma revelação ou altera nossa visão de mundo. Mais frequentemente, porém, nosso centro moral nos impulsiona para o mundo, nos orienta, direciona nossos olhos, anima nossos seres. Se você quer saber no que realmente crê, reveja este dia na sua cabeça, e isso lhe dirá — certamente disse às pessoas com quem você interagiu. Em outras palavras, se você é uma pessoa de fé, não pode ter uma mesa maior com um Deus pequeno.

Nossa teologia subdimensionada é normalmente revelada por aqueles que procuramos excluir, as pessoas que despertam nossa animosidade. Nossa tendência à exclusão é um alarme que nos diz que temos muito o que evoluir. Embora os evangélicos brancos da América vociferem veementemente renascer, e serem compelidos, pela graça ilimitada de Deus, na prática, sua religião é, em geral, definida por aqueles que vilipendiam, condenam e excluem — o que se revela uma lista extensa. Ela alega oferecer graça imerecida, mas exige que seja pedida e merecida. Ela se transformou em condenação à distância.

Nós, seres humanos, tendemos a ser preguiçosos emocionalmente. Estamos propensos a aceitar os sentimentos de menor resistência. À medida que avançamos ao longo do dia e à medida que as pessoas cruzam nossos caminhos, em geral, nos contentamos com quaisquer pensamentos que surjam imediatamente, aqueles que não exigem muito trabalho: as respostas instintivas que eles desencadeiam em nós ao contato, sejam afeto ou desprezo. Como resultado, normalmente não perdemos muito tempo nos preocupando com aqueles que discordam de nós — sua complexidade, seu passado e seu estado interior. Isso, talvez, seja mais verdadeiro para nossa política e nossas crenças religiosas, que — goste ou não — são gêmeas siamesas. Elas não são distintas, compartimentos separados, são uma e a mesma coisa: a moralidade pessoal é interna, e nossa política torna essa moralidade tátil — e essas coisas estão à mercê do ritmo incomum de nossas vidas. No passo, artificialmente acelerado, em que vivemos e nos movemos pelo mundo não temos tempo para ficar com as pessoas tempo suficiente para vê-las ou ouvi-las de verdade, para ir além de um diagnóstico superficial, o que dirá imaginar que elas tenham uma perspectiva com a qual podemos aprender — ou, pior ainda, de que podemos de fato gostar delas, apesar de não querermos. Pegamos uma dica rápida de seus perfis de redes sociais, igrejas, camisetas e adesivos — uma dica política, uma expressão religiosa, uma fonte de retuíte — e, nesse esqueleto fino e frágil, instantaneamente construímos um avatar vivo no qual podemos anexar todos os nossos medos, preconceitos e feridas do passado.

O tribalismo tóxico prospera dessa forma relacional abreviada: podemos ver alguém através do abismo da rede social e, em um instante, avaliá-lo, remover qualquer nuance ou humanidade e caricaturá-lo totalmente no adversário irredimível de que precisamos. Isso torna muito mais fácil para nós odiá-los — e odiá-los é muito mais rápido e simples do que conhecê-los ou entendê-los. Não apenas nos tornamos idiotas — mas também hipócritas.

As pessoas me perguntam o tempo todo: "Como seguir adiante quando há tanta amargura e discórdia no mundo?" Normalmente, elas não gostam da resposta — embora, várias vezes, eu também não goste muito. Começa no espelho, e esse é o último lugar onde procuramos hipócritas e farsantes.

Durante as eleições norte-americanas de meio de mandato, em 2018, passei uma semana com o Vote Common Good [Vote no Bem Comum, em tradução livre], que é sobre uma caravana de palestrantes, ministros e músicos progressistas que fazem campanha com um antigo ônibus de turnê do Guns N' Roses e dizem aos evangélicos brancos conservadores que não apenas eles poderiam votar em uma linha partidária diferente, enquanto afirmavam suas convicções espirituais — mas que neste clima sem precedentes, eles deveriam. Nosso comício de encerramento seria no estacionamento de uma igreja em Fresno, Califórnia. Alguns dias antes de chegarmos, rumores começaram a circular de que receberíamos a visita dos Proud Boys, um grupo de ativistas de direita alternativa conhecido por intimidação física, por incitar violência em eventos político progressistas e religiosos e alegar legítima defesa, ao mesmo tempo que revidam dez vezes mais. Fomos avisados antes, várias vezes, em diferentes cidades ao longo da turnê, que o grupo poderia aparecer, mas eles sempre falhavam em se materializar, então, quando a noite caiu, parecia que o mesmo aconteceria.

RECONHECER A INTERCONEXÃO ENTRE RELIGIÃO E POLÍTICA

AVALIAÇÃO MAIS CLARA DAS NOSSAS MOTIVAÇÕES

Enquanto eu estava ao lado do nosso palco portátil, observando a cena, com o canto do olho notei um pequeno grupo de pessoas, iluminadas por câmeras de vídeo e telefones, emergindo da escuridão da periferia do estacionamento e caminhando até chegar à última fileira de cadeiras montadas no asfalto. O grupo começou quieto, depois o ruído foi ficando cada vez mais alto, rindo sarcasticamente e gritando em nossos alto-falantes, enquanto exibia cartazes e transmitia o evento ao vivo para seus seguidores e fãs, que assistiam em tempo real. Eu podia sentir minha pressão subindo e minha face ficando vermelha, enquanto me preparava para falar. Eu andava em torno dos instigadores não convidados e ficava cada vez mais preocupado com minha amiga Kristy, que tentava falar educadamente acima da interrupção mais frequente e fervorosa. Quando ela terminou e desceu a pequena escada de metal, eu subi e entrei no palco, já totalmente enfurecido, a adrenalina correndo descontrolada por mim como Bruce Banner quando está virando o Hulk — e, uma vez que decidi que a velocidade e o volume eram a minha melhor defesa, agarrei o microfone com força e comecei a berrar alto e sem parar por mais de uma fração de segundo (para que não desse espaço para os manifestantes serem ouvidos). Como um leiloeiro suado, perturbado e irritado, disparei, sem fôlego, granadas verbais rápidas e cruas sobre o amor gentil e expansivo de um Jesus pacificador — que gritei até minha garganta ficar em carne viva, enquanto simultaneamente esperava que Deus enviasse um vento rápido para expulsá-los do condado. A ironia não passou despercebida por mim. Quando terminei minha salva de staccato final, corri para fora do palco e fiquei atrás do ônibus de turismo estacionado, sentindo como se tivesse conseguido apenas ser mais barulhento e rude do que eles — e isso não parecia uma vitória.

Minha querida amiga Genesis Be subiu ao palco imediatamente depois de mim. Gen é uma brilhante musicista, ativista, negra e, provavelmente, vinte anos mais jovem que eu. Eu me senti seu protetor naquele momento e saí de trás do ônibus, esperando pelo que eu tinha certeza que seria um momento que necessitaria de intervenção física. Quando ela começou a falar baixinho sobre crescer no Mississipi como uma pessoa birracial em um lar que era cristão e muçulmano, os Proud Boys começaram a importuná-la como fizeram comigo e com os palestrantes anteriores — mas ela respondeu de forma diferente.

"Antes de compartilhar minha história", ela disse, se virando e olhando diretamente para eles, "Eu quero falar com meus potenciais futuros co-colaboradores aqui". Ainda olhando diretamente para eles, ela disse: "Eu não os vejo como meus inimigos, mas como potenciais co-colaboradores." Parecia que alguém tinha apertado o botão de mudo no resto do mundo, porque a única coisa que eu conseguia ouvir era sua voz e o zumbido baixo do amplificador entre suas palavras.

Ela sorriu calorosamente e foi além. "Gostaria de saber se algum de vocês estaria disposto a vir aqui e me abraçar."

Após alguns segundos de silêncio e inércia, um dos homens começou a andar da última fila, ainda gravando em seu telefone. Ele pulou para o meio do palco e Genesis abriu os braços, o abraçou forte e disse a ele que o amava, e ele respondeu na mesma moeda. Ela sussurrou: "Eu não concordo com você, mas te amo." Aplausos irromperam do palco, da audiência e até dos manifestantes. O homem logo voltou para o seu lugar nos fundos e continuou a falar o resto da noite, mas nunca tão alto ou com tanta raiva como antes. Sua raiva foi desarmada por seu contraponto radical. Não sei se as ações de Genesis o mudaram — mas mudaram a maioria de nós. Incluindo eu.

VER A HUMANIDADE NAS PESSOAS MAIS DIFÍCEIS DE AMAR

AMÁ-LAS COMO JESUS AMOU

Depois, quando a nossa equipe se sentou no final do estacionamento e refletiu sobre a noite, alguns de nós transmitiu o medo que sentimos, especialmente por Genesis. Ela disse, com naturalidade e grande empatia: "Conheci pessoas assim durante toda a minha vida, então não fiquei com medo. Eu sei que eles estão com medo."

Genesis tinha muito mais motivos para não deixar essas pessoas ficarem impunes do que um cara branco, cisgênero e heterossexual, afligido por privilégios como eu; muito mais direito de retribuir veneno com veneno e insulto com insulto; muito mais motivos para detoná-los lá, com luzes e microfones — mas não o fez. Ela viu a humanidade deles, mostrou a eles a dela e deixou nas mãos deles se honrariam aquela humanidade ou não. Ela encarnou o maior amor em face de uma clara falta de amor — porque a dimensão de Deus que ela aspira a compele. Jesus disse que, se amarmos apenas aqueles que nos amam, não teremos crédito algum nisso.[3] Isso é coisa humana básica. A espiritualidade do nível de honra ama aqueles que parecem menos amáveis, nos sujeitam ao maior ódio e exigem a maior coragem.

Não estou pedindo a você que abrace supremacistas brancos violentos, ou se coloque em risco de violência física ou faça qualquer coisa que cause danos emocionais a você. Mas, de um modo geral, se nossa fé é para superar a feiura ao nosso redor, todos nós teremos que descobrir como fazer o difícil trabalho de amar as pessoas de quem não gostamos. Teremos que parar de criar histórias falsas sobre pessoas, a uma distância segura delas, e obter histórias mais verdadeiras. Teremos que encontrar uma maneira de oferecer a mão aberta em vez do punho cerrado. Precisamos desacelerar e chegar perto o suficiente de nossos supostos inimigos, para que possamos olhar no branco dos seus olhos e encontrar a bondade que reside atrás deles. Pode estar enterrado em camadas irregulares de medo, tristeza e desesperança — mas quase sempre está lá. Não gosto de pensar na humanidade das pessoas quando agem de forma desumana e descubro, ironicamente, que tenho a maior dificuldade em fabricar compaixão por pessoas que parecem não ter compaixão, principalmente porque não quero que elas saiam impunes. Não quero correr o risco de dar consentimento tácito às coisas terríveis que fazem, às feridas que infligem, à violência que produzem — e a maneira mais simples de fazer isso parece ser desprezá-los. Odiar as pessoas sempre será um caminho mais fácil e conveniente do que amá-las, porque amá-las significa vê-las plenamente, ouvir suas histórias, estar na sua pele da melhor maneira possível e encontrar algo que valha a pena abraçar. Fico pensando se podemos fazer isso. Fico pensando se eu posso. Essa é uma oração que vale a pena.

Capítulo 16

A IGREJA
NÃO SER HORRÍVEL

Uma das minhas cenas favoritas do brilhante pseudodocumentário de rock de Christopher Guest, *Isso É Spinal Tap*, mostra as dificuldades e o envelhecimento do atormentado empresário da banda, Ian Faith; sentado em um quarto de hotel, critica animadamente o que ele acredita ser a maquete de um artista para seus clientes, que planejaram usar uma versão enorme do Stonehenge no palco, com intenção de trazer a banda de volta aos seus dias de glória nos shows de rock teatral.[1] Suas perguntas seguintes ao escultor, sobre como será o "monumento real" em comparação com a peça, geram confusão no início e, finalmente, a revelação horripilante: esse é o produto final. Devido a uma anotação incorreta, rabiscada em um guardanapo, durante um arroubo de inspiração do guitarrista, Nigel Tufnel, o artista foi erroneamente instruído a construir uma peça de 45 *centímetros*, não 4,5 metros de altura. A cena imediatamente corta para a banda no palco, alheia ao ocorrido, em frente a uma plateia extasiada, com toda a sua seriedade, enquanto eles atingem o momento culminante da música. Testemunhamos sua confusão abjeta enquanto o monumento, lamentavelmente subdimensionado, desce das vigas, e duas pessoas com nanismo, em trajes medievais, dançam ao redor dele, ao som do alaúde tocando, enquanto se erguem poderosamente sobre a estrutura (para efeito humorístico e, decididamente, *nada* inspirador). Isso parece ser o que muitas das igrejas nos EUA se tornaram aos olhos das pessoas de fora: uma produção equivocada que reduziu algo gigante e misterioso a uma fração risível da proporção real, porque em algum lugar, ao longo do caminho, algo importante se perdeu.

"Temos que conquistar pessoas para Cristo." Nas duas últimas décadas, ouvi essa frase das bocas de cristãos cerca de 8 bilhões de vezes (embora eu admita que meus cálculos possam estar um pouco errados). A questão é que eu ouvi *muito* — de pastores, evangelistas, líderes religiosos, membros de pequenos grupos, jovens missionários e colegas cristãos — e raramente me senti confortável quando ouvi. Sempre soou como uma nota divergente perdida na execução de um guitarrista de jazz, que não estava no tom certo: uma chocante dissonância. Há algo sobre a linguagem de guerra evangélica a respeito de conquista e vitória, e sobre as pessoas, vistas como mercadorias espirituais em transações de alma, que parece nitidamente incongruente com a comunidade, definida pelo amor, que Jesus selecionou enquanto esteve aqui.

O cristianismo *pré-cristianismo,* que deveria servir de modelo, era um movimento orgânico de rua; uma reação misteriosa, inspiradora, edificante, crescente,[2] causada pela improvável reunião de rejeitados, marginalizados e pobres. Antes de sequer ter um nome, a Igreja era esse agrupamento heterogêneo de pescadores, fazendeiros, prostitutas e cobradores de impostos, todos liderados por um pregador sem-teto e itinerante, enquanto encontravam afinidade, em seu convite contracultural, para amar radicalmente e viver de forma interdependente. Sem edifícios, lobistas, boicotes nacionais ou guerras culturais, era bem aquilo para o que foi projetado: uma comunidade imperfeita e interdependente que protegia os mais vulneráveis. Foram as pessoas *visivelmente diferentes* que alteraram, com tangível clareza, os lugares por onde viajaram, de maneiras vivificantes. Nascido no coração do Império Romano, com toda a sua força, ganância e poder coercitivo, o cristianismo foi a resistência

PREOCUPAÇÃO EM SALVAR ALMAS

A TENTAÇÃO DE IGNORAR O SOFRIMENTO PRESENTE

humilde, compassiva e generosa a tudo isso — e esse é o problema que temos nos EUA hoje, se professarmos o cristianismo.

Em algum ponto durante os últimos 2 mil anos, mudamos o roteiro de nossa história espiritual coletiva e, de muitas maneiras, agora somos um povo invertido — uma comunidade de cabeça para baixo em relação ao mundo e, talvez às vezes, a Jesus. Essa religião, sobrecarregada com o *fardo de vencer*, tentando abocanhar sua fatia no mercado, e buscando que suas normas sejam cumpridas aqui, representa Roma. É a *elite religiosa hipócrita*. É o *caminho largo* que Jesus afirma levar à destruição. É o *amor ao dinheiro* na raiz do mal. É tudo o que Jesus rejeitou com todo o seu ser — e, se ressuscitarmos o coração de Jesus neste lugar e momento, essa religião tóxica precisa morrer. O cristianismo forjado por Jesus nunca foi pensado para deter o poder. Nunca deveria ser dominante. Nunca foi sobre controle, força bruta, ditar as leis da terra ou se impor na vida das pessoas. Certamente nunca se tratou de se aproximar de líderes nacionais, sem nenhuma consideração pela humanidade. Alguém precisa lembrar isso à Igreja e ao Partido Republicano. Alguém precisa pregar o cristianismo no Cinturão da Bíblia, aos pastores celebridades e aos cristãos, que não percebem o quanto perderam o enredo e como se tornaram a oposição ao autor e aperfeiçoador de sua fé declarada. Alguém precisa incomodar esses cristãos, confortáveis, com as palavras reais de Jesus. A dominação mundial não era o plano, mas sim sua renovação.

S empre brinquei que eu inauguraria uma nova igreja: a Igreja Não Ser Horrível. Nossa missão declarada seria simplesmente: *"Não seja horrível com as pessoas."* A declaração doutrinal do *que acreditamos* seria substituída por premissas de *como tratamos as pessoas*: não as trate como menos dignas de amor, respeito, dignidade, alegria e oportunidade do que você. Não crie caricaturas delas baseadas na cor da pele, religião, orientação sexual, no quanto têm de dinheiro ou nas circunstâncias em que elas se encontram. Não procure tirar delas coisas que você já desfruta em abundância: direitos civis, água potável, educação, casamento, acesso a cuidados de saúde. Não conte a história das pessoas por elas, não defina a razão de serem pobres, deprimidas, viciadas, vitimizadas ou sozinhas. Deixe-as contar sua história, e acredite que elas sabem mais do que você. Não imagine que a sua experiência de mundo seja a de todos; que a facilidade, o conforto, o apoio, o carinho que você recebeu sejam universais. Não se preocupe com a forma como alguém experimenta Deus, como define a família, a quem amam. Cultive *sua própria* fé, família e casamento.

A questão central em qualquer momento da Igreja Não Ser Horrível é: *estou sendo horrível agora?* Se alguém concluir que *está sendo*, se esforçará para não ser. Tenderão a relacionamentos mais autênticos e permitirão que outros o ajudem a ver os pontos cegos do privilégio, preconceito e ignorância (as coisas que nos fazem ser horríveis) e, então, a resposta a isso será uma vida mais motivada, com nova intenção. Em outras palavras, nosso sagrado chamado é para ser decente, gentil, compassivo, ser o que for que acreditemos que esteja faltando neste lugar: ser o tipo de pessoa que o mundo precisa — e, com certeza, ele precisa ser menos horrível hoje em dia.

A Igreja Não Ser Horrível se reuniria toda semana para celebrar a bondade inerente às pessoas; para compartilhar histórias de como conseguimos ser menos horríveis para nossas famílias, colegas de trabalho e estranhos; e desafiar-nos a ser ainda menos horríveis na próxima semana. Faríamos isso dedicada, repetida e apaixonadamente, na esperança de começar a ver o mundo ao nosso redor, de forma gradual, se tornar menos irritado, cruel e doloroso. Pode parecer simples, mas na verdade é uma bela aspiração. Claro, não precisamos de uma igreja para não sermos horríveis — mas, se você *estiver* em uma comunidade de fé que estima as coisas supracitadas de alguma forma, é melhor que horrível não seja seu cartão de visitas, ou você está fazendo algo muito errado. Para os pobres, oprimidos e marginalizados ao seu redor, você deveria ser a boa nova. Muitas comunidades cristãs conseguiram inverter o roteiro inclusivo, extenso e generoso que Jesus começou — mas há milhões de pessoas realmente tentando acertar. Elas estão nos lembrando que Deus sempre trabalha com belas surpresas.

O Velho Testamento conta a história de origem do super-herói Moisés, o futuro patriarca das tradições hebraica e cristã, que está cuidando de rebanhos em um deserto desolado quando se encontra com um anjo, que habita uma sarça ardente, e que o instrui a tirar as sandálias, pois seus pés estão em solo sagrado. Nesse espaço sagrado recém-ungido, como diz a história, Deus relata seus desejos de emancipar os israelitas das garras do faraó, usando o desconhecido e inexperiente Moisés para esse fim insondável. Para mim, a parte reveladora da passagem não é a figura sobrenatural que aparece em um arbusto chamuscado e faz um discurso motivacional, ao estilo Rocky Balboa, para um azarão e pretenso herói de três tradições de fé — é a ideia da divindade transcendendo a expectativa; de que a presença de Deus é ilimitada, não apenas em sua forma, mas em sua geografia; de

SE ESQUECER DO PODER E DA POLIDEZ

UM MOVIMENTO MAIS PARECIDO COM O DE CRISTO

que todo terreno pode ser sagrado se seus olhos estiverem abertos e seu coração for flexível. Se você atua a partir de um lugar de amor, cada pessoa é sagrada, cada lugar é santificado e cada momento é abençoado.

No momento em que pisei no campus oeste de Beit T'Shuvah, em Los Angeles, uma coleção extensa de prédios de tijolos conectados de forma estranha, senti que precisava tirar meus sapatos na hora.[3] Eu fui convidado pelo fundador e líder da organização, Rabino Mark Borovitz: um pregador judeu irascível, irreverente, amoroso ao extremo e usando um chapéu de feltro, cujo caminho passou pelo vício e pela prisão antes de chegar aqui como o arquiteto do que o site da organização descreve como "centro residencial de tratamento de vícios, congregação e instituto educacional, onde a vida é celebrada e cada alma importa". Semanas antes, na preparação das mensagens que daria ali, eu me perguntava se estaria falando a uma comunidade de fé judaica progressista, uma reunião secular de seres humanos em recuperação, ou a um conjunto não denominacional de pessoas frustradas explorando seu valor inerente. Se houvesse algum arbusto por perto enquanto eu ponderava sobre isso, poderia ter recebido a simples resposta "sim". As descrições de minhas perguntas eram pequenas preocupações sobre Deus. Em questão de minutos no local, percebi que estaria compartilhando espaço sagrado com humanos maravilhosamente estranhos, nos lugares mais estreitos.

Em 2016, escrevi um livro chamado *A Bigger Table* [Uma Mesa Maior, em tradução livre], sonhando com um lugar onde pessoas díspares pudessem se reunir em comunidade espiritual redentora, que permitisse que cada um fosse recebido sem ressalvas ou condições. De pé em Beit T'Shuvah, senti como se tivesse entrado na personificação tangível dessas palavras aspiracionais. Eu chamaria a teologia de trabalho do Rabino Borovitz de "amabilidade" e, por mais natural que pareça, é revolucionário experimentar. Há cultos semanais sexta, à noite, e sábado, impregnados de tradição e ritual judaicos, com riqueza de adições pouco ortodoxas e surpreendentes: linguagem dos 12 passos, uma exuberante banda de blues, referências dos ensinamentos de Jesus, xingamentos ocasionais e frequentes interrupções, fora do roteiro, por pessoas movidas a oferecer um testemunho, palavra de encorajamento ou a pregar qualquer sermão formado dentro delas. O rabino Mark e sua esposa, a assistente social de longa data e autora, Harriet Borovitz, mantiveram em aberto seus planos iniciais e as restrições do centro, permitindo que a comunidade se tornasse o que não podiam conceber na época; o que, em geral, é a melhor maneira de atrair algo do tamanho de Deus: tirar sua própria vontade do caminho e fazer um plano que se espera rever depois. Eles foram compelidos simplesmente a fazer com que as pessoas machucadas se sentissem amadas e pudessem responder de acordo.

Ultimamente, acredito que todas as comunidades espirituais amorosas são comunidades de recuperação, de uma forma ou de outra. São espaços para reconhecer e admitir falhas, para trabalhar com problemas e superar obstáculos e, às vezes, lamentar perdas sofridas e separações necessárias, que acompanham o crescimento. São lugares que lhe permitem cair e o ajudam a se levantar, porque entendem como é fácil cair. Muitas comunidades espirituais começam com uma visão apurada; com tudo, desde gráficos até serviços e ministérios, concentrados em uma proteção mascarada, que elimina o que for confuso, desconfortável ou complicado. O problema é que o confuso, o desconfortável e o complicado são, em geral, onde aparecem a glória, fora da caixa, e o amor expansivo, do qual precisamos muito: transgressor, além dos limites, contido nas surpresas e nos fracassos. O mito das igrejas locais é que sua saúde é determinada pela ausência de conflito e turbulência; mas, assim como os casamentos e amizades duradouros (ou minha grande e barulhenta família italiana), às vezes a honestidade relacional gera trocas bombásticas, conversas desagradáveis e desconforto genuíno. E essas coisas não são necessariamente sinais de doença, mas prova de vida.

As comunidades mais transformadoras são lugares onde as pessoas vivem juntas no desconhecimento, admitindo que estão tentando compreender *o que não pode ser compreendido,* e respeitando o tempo umas das outras quando, de forma compreensível, cometem um erro de julgamento. Comunidades religiosas honestas são lugares confusos e complicados, povoados por fracassados bem--intencionados, sonhadores frustrados e impostores expostos. Isso é o que elas sempre foram. Os cristãos muitas vezes mascaram a igreja primitiva, no livro de Atos, como uma comunidade difusa e harmônica, de amor livre e de boas vibrações de Jesus hippie; mas a Bíblia nos diz que houve confrontos de ego, traições desprezíveis, ataques públicos e ministérios hostis — o que parece muito mais próximo do que experimentamos e com que nos frustramos em nossas próprias comunidades de fé. Talvez, se começarmos por admitir isso, podemos nos salvar das expectativas irrealistas sobre a comunidade espiritual, para as quais esta não foi projetada ou capacitada — e apenas nos deleitar com a bagunça relacional desorientadora da vida autêntica juntos.

Alguns meses antes do começo da crise da COVID (antes de usarmos com regularidade termos como "distanciamento social," "autoisolamento" e "achatamento da curva"), eu chefiava um retiro de fim de semana, nas montanhas, perto das deslumbrantes Blue Ridge Mountains da Carolina do Norte. Conforme esperava a chegada dos convidados para as orientações em sua primeira noite, minhas emoções oscilavam erraticamente entre a expectativa crescente e o terror abjeto. Tal qual qualquer anfitrião de festa ou evento, segurei o júbilo potencial em relação ao que poderia estar por vir se as coisas funcionassem bem — e o pavor de ninguém aparecer e eu acabar sentado lá, sozinho, como um par de baile rejeitado. Meus temores foram infundados; de início gradual e, depois, rapidamente, o salão começou a se encher, crepitando com um zumbido de novas histórias se cruzando, e o belo barulho de apresentações calorosas. De repente, uma mulher com óculos de aros escuros e cabelos grisalhos, penteados em um coque no topo de sua cabeça, irrompeu porta adentro, como uma rajada de vento feroz, atraindo toda a atenção e criando um silêncio instantâneo. Ela olhou em volta, para a humanidade reunida, e exalou profundamente, estendeu os braços, inclinou a cabeça para trás e gritou, "MEU POVO!" De pronto respondi da maneira mais inexpressiva que pude: "Desculpe, mas a senhora está na sala errada — o *seu* povo, na verdade, está na sala de reuniões no fundo do salão." A sala explodiu em risadas e abraços vigorosos ao redor. A maioria das pessoas naquela sala era completamente estranha alguns momentos antes, mesmo que tivessem um ponto em comum (que, nesse caso, acabou por ser minha apresentação); eles sabiam o suficiente sobre a reunião, e tinham certeza de que seriam bem-vindos em sua condição atual: que havia certas informações em vigor, garantindo sua aceitação; além de não serem obrigados a performar nada, não precisavam fazer provas de cunho moral. Eles sabiam que, embora muitas vezes pudessem sentir o lento sufocamento de serem amados com ressalvas e condições, ou tolerados com frieza, ou completamente rejeitados — naquela sala eles eram capazes de parar e respirar novamente. Acho que a presença de Deus proporciona isso. Acho que o amor faz você sentir que pode respirar.

Em uma parada da turnê de outono, em Austin, um jovem casal latino, cujos nomes eram Luís e Maria, apareceu e se apresentou brevemente antes de minha palestra. Eles me disseram que dirigiram cerca de dez horas do Novo México para chegar lá, e explicaram que, vivendo cercados por uma família conservadora, em uma cidade muito pequena e conservadora, eles se sentiam sozinhos e isolados na maior parte do tempo, incapazes de compartilhar suas convicções religiosas e políticas plenamente, por medo de rejeição e até expulsão. Enquanto Maria enxugava uma lágrima, Luís disse: "Só queremos estar em uma sala com pessoas que nos entendem." Eu sabia exatamente o que ele queria dizer. É cansativo sentir que você tem que tentar esconder as partes mais verdadeiras de si mesmo das pessoas com quem você deveria ser mais aberto o tempo todo; ter cuidado ao expressar sua linguagem, suavizar suas opiniões e exibir uma fachada, bem construída, para manter uma paz tênue. Luís e Maria viajaram quase meio dia, entraram em uma igreja que nunca estiveram, cheia de pessoas que nunca haviam visto — apenas para se sentirem em *casa*. Por mais que eu estivesse grato por eles terem feito isso, lamentava o fato de que nos separaríamos em algumas horas e eles voltariam a se sentir órfãos em sua família, leprosos em sua igreja e forasteiros em sua comunidade — e que tantos cristãos professos seriam responsáveis por fazê-los se sentir assim.

Há algo de transformador e sagrado no sentido de pertencimento. Quando somos recebidos como somos, podemos baixar nossas defesas, respirar profundamente e confiar que não precisamos ganhar ou merecer um lugar; que, ao contrário de tantos outros lugares em que nos encontramos, não há pré-requisitos ou qualificações nos impedindo, sem planos ocultos esperando para nos enganar, e nenhuma propaganda enganosa. Se há algo que a comunidade espiritual deve fazer, é isso. Isso deve dar às pessoas um sentimento de ser reconhecido. As pessoas experimentam isso na presença de Jesus, seja padre ou prostituta, soldado reverenciado ou pária envergonhado, muito piedoso ou moralmente ferido.

Hoje em dia, sua igreja não é mais conhecida por isso, o que é um problema. Todos
os anos, falo com milhares de pessoas, em
minhas viagens, que se sentiram descartadas
de propósito pelos cristãos e pelas igrejas que
frequentam: pródigos forçados que são empur-
rados para a periferia e nunca autorizados a
se sentirem acolhidos em seu meio por causa
de sua identidade de gênero, orientação sexual, nação de origem, crenças teológicas ou
experiências passadas. A maioria de nós sabe
como é ter a proximidade negada ou ser aceitos

**COMUNIDADE
ESPIRITUAL
DIVERSIFICADA
E ABERTA**

**UM SENTIMENTO DE
PERTENCIMENTO E DE
SER ENCONTRADO**

com restrições. As comunidades que professam ser orientadas por
Deus devem ser espaços onde seres humanos díspares encontrem
segurança ao chegar. Elas devem ser marcadas pela emancipação do
esforço; devem ser lugares em que não nos sentimos sufocar. Esse
tipo de pertencimento é do que o mundo está faminto e o que as
pessoas espirituais podem dar. Visto que a desconexão e a exclusão
caracterizam tanto o cenário de nossos dias, podemos criar espaços
para simplesmente nos sentirmos em casa. Esse acolhimento expansivo e bondade íntima são o solo sagrado que o melhor da religião
prepara para as pessoas encontrarem repouso.

Durante as perguntas após uma sessão no Wild Goose Festival, um
homem questionou se eu já havia pensado em fundar uma igreja.
Respondi que achava que não, porque muitas situações exigiriam que
eu fosse menos autêntico, e valorizo poder falar livremente sobre os
assuntos que me interessam, sem estar sujeito a um sistema restritivo.
Essa liberdade me permitiu comunicar com especificidade e clareza
onde, de outra forma, não seria possível. Mais tarde, ele apareceu e
se identificou como ateu. Ele disse: "Eu acho que você deveria reconsiderar." O homem disse que ele e outros amigos ateus seguiam meu

blog, que se identificavam com ele, e que acredita que muitas pessoas que não se sentem em casa hoje, na religião organizada, estariam interessadas em se envolver em algo que vive os valores que ele vê na escrita. Aquilo me fez parar e pensar. Se tornou um refrão que eu tenho ouvido ecoando milhares de vezes nos últimos três anos: as pessoas estão famintas por uma comunidade redentora que torne o mundo mais amoroso, compassivo e decente — não importa como se chame. Isso me lembrou de que Jesus passou muito tempo de sua vida com pessoas religiosas conservadoras e liberais, parte dela com pessoas não religiosas — e ela *toda* com não cristãos. Ele colocou em movimento uma revolução de hospitalidade radical e amor contraintuitivo, que desafiou precedentes e confundiu aqueles que se imaginavam justos. Talvez meu amigo ateu esteja no caminho certo.

Há um momento, no Evangelho de Mateus, em que Jesus diz a líderes religiosos que acreditam tê-lo encurralado, no mercado, ao perguntar sobre Deus: "Os cobradores de impostos e as prostitutas entrarão no Reino de Deus antes de vocês."[4] Em outras palavras, Jesus dizia: "Essas pessoas, aquelas que vocês julgam, condenam e olham de cima a baixo — *elas* conseguirão. *Elas* têm meu coração. *Vocês* são os perdidos!" Ele estava alertando aos hipócritas que sua religião punitiva e de arrogância tóxica tinha se tornado um fardo em seus pescoços, e o que ele estava construindo seria feito sem eles, a menos que se modificassem internamente, a ponto de a humildade os tornar mais acolhedores. Pouco mudou em 2 mil anos. Agora, assim como antes, muitos religiosos que comandam em nome de Deus tornaram-se exatamente aquilo contra o que Jesus advertiu ao mundo. Eles foram infectados com hipocrisia, ganância e desprezo — e estão impedindo que as pessoas vejam qualquer coisa parecida com a vida abundante que ele pregou. Assim como quando seus pés estavam neste planeta, Jesus está nos dizendo que Deus superou a caixa que tentamos construir para Ele, e é melhor estarmos abertos a uma coisa nova, porque essa coisa velha não é mais vivificante.

E, no entanto, apesar de parte de mim lamentar o que minha tradição de fé se tornou nesses dias, também estou cheio de uma sensação quase explosiva de esperança ao observar o que está nascendo em resposta a isso. Eu vejo uma congregação estranhamente bela se reunindo: muitos dos que afirmam a fé cristã, ao lado daqueles que não se sentem mais em casa na igreja, pessoas de diferentes tradições, aqueles que não têm certeza do que acreditam e aqueles sem nenhuma filiação religiosa. Eu os chamo de Comunidade dos Convencidos. Eles sabem que a diversidade é o melhor caminho. Eles sabem que a interdependência é a questão. *Todos* eles estão falando juntos com uma voz singular, firme e forte — uma que declara o valor inerente de todas as pessoas, um amor que não conhece qualificações, e o desejo de viver bem esses dias juntos. É o mais próximo do que Jesus estava fazendo do que qualquer coisa que já vi antes. Os céticos, infratores, cínicos, hereges, apóstatas e "pecadores" estão construindo a comunidade redentora de que o mundo precisa. Era esse o plano o tempo todo. Pessoas de todos os aspectos: homem e mulher; heterossexuais, gays, bissexuais, transgêneros; religiosos, agnósticos e ateus — todos estão sentindo a mesma atração pela bondade.

Não tenho certeza se a Igreja Não Ser Horrível vai se popularizar, já que ser horrível está na moda, hoje em dia, entre as pessoas religiosas, mas acho que vale a pena tentar. Acho que isso pode alterar os lares, casamentos e comunidades em que vivemos, se não o próprio planeta em que estamos. Ela pode renovar nossos corações, tão propensos a serem horríveis. Pode nos ajudar a nos tornar a melhor versão de nós mesmos. Cada vez mais tenho certeza de que a Igreja que existirá, a Igreja que precisa existir (assim como nos dias de Jesus), será redefinida e renovada por aqueles que a religião organizada desconsidera, ignora e vilipendia. Será composta por um conjunto heterogêneo de fracassados, fraudulentos e confusos, que percebem que a mesa ainda não é grande o suficiente — mas que vale a pena construir, não importa como será chamada. Jesus era carpinteiro. Ele sabe construir coisas.

Capítulo 17

ARROGÂNCIA E MORALIDADE

Recentemente, demos as boas-vindas a um novo membro na família: Charlie, um vira-lata de 12 semanas que chegou na noite anterior ao início do lockdown aqui, na Carolina do Norte. O abrigo fecharia no dia seguinte e precisava colocar o maior número possível de cães em novos lares. A urgência do momento impeliu nossa família a mudar de observadores curiosos para adotantes instantâneos, e logo fomos à loja de animais comprar suprimentos de emergência, com uma pequena bola de pelo preto e marrom pulando de janela em janela. Charlie logo dobrou nossa população de cães, juntando-se à nossa Shepherd mestiça, Zoe, de 8 anos, que logo se mostrou ser uma irmã mais velha muito hospitaleira. Depois de uma hora estranha de conversa canina por latidos, brincadeiras, de curvar-se e farejar o traseiro um do outro (presumo que sejam as regras da casa da Zoe e a ansiedade pelo novo amiguinho), eles criaram laços bem rápido.

Alguns dias depois da chegada de Charlie, me sentei no tapete da sala de estar, cheio de rolos de couro meio mastigados e brinquedos de puxar puídos, e dei um pouco de atenção aos cãezinhos. Logo depois, minha esposa entrou, olhou para o chão ao redor e disse: "Alguém deixou um rastro aqui!" Levantei para investigar e, para meu horror, notei dezenas de listras marrons pontilhando o tapete e a madeira ao redor. "Isto é...?" Ela perguntou. Eu sabia o que ela queria dizer. Queria dizer: *não é lama*. Pior, minha súbita e violenta ânsia de vômito me disse que, de fato, *não era lama*. Enquanto reprimi a crescente vontade de vomitar, entrei em ação, procurando qual dos meus colegas peludos trouxe aquela coisa fedorenta para a nossa casa. Notei mais e maiores manchas onde eu estava sentado e, agora, ao redor de onde eu estava. Era como se as manchas estivessem se multiplicando rapidamente! Eu me inclinei para o sofá, sacudi os pés e a verdade me atingiu de repente, como uma bomba atômica fedorenta: eu era a causa. Fui eu quem pisou naquilo. Essa bagunça era 100% minha. Eu me desculpei com os cães e com minha esposa, nesta ordem. Então, vomitei.

A superioridade moral é uma bela ilusão, se você souber administrá-la: acreditar que a sua bagunça particular é, de alguma forma, superior à de outra pessoa, ou apontá-la como a causa de tudo que está doente na humanidade. Com frequência, é o principal motor da religião conservadora, com o qual a coisa toda funciona: identificar um inimigo e partir para a batalha, certo de que você está defendendo a virtude. A Direita Religiosa passou as últimas cinco décadas ensinando às pessoas que, com certeza, somos todos pecadores — mas veja o pecado *daquelas* pessoas! Uma postura de batalha feroz, com dois punhos erguidos, tornou-se o padrão de muitos cristãos evangélicos, cuja ironia não é perdida em grande parte do mundo. Eles veem a dissonância entre *bem-aventurados os pacificadores*, dito por Jesus, e os eternos tradicionalistas e sabem que algo está terrivelmente errado.

E os conservadores religiosos, sem dúvida, não monopolizaram o mercado do tribalismo de caráter justo. Nós, cristãos de esquerda, somos tão propensos a isso quanto qualquer um, admito; somos também suscetíveis a pensar que nossas coisas não fedem. Embora anunciemos uma atitude de abertura e tolerância, para ser honesto, esta em geral se estende política e teologicamente aos que estão na esquerda, mas não à direita. Não somos tão caridosos com aqueles que ainda residem na ortodoxia da qual saímos, e é certo que não o somos com pessoas que parecem não

somente opostas a nós, mas fortemente opostas. Conforme nossa fé evolui, é muito fácil passar para a arrogância progressiva: ser cínico com pessoas que ainda acreditam no que nós acreditamos uma vez; suspeitar da insinceridade, falsidade ou ignorância delas, porque suas convicções não correspondem mais às nossas; imaginar-nos como mentes iluminadas, posicionadas no campo de batalha moral em frente a adversários sombrios, que não sabem o que sabemos. Essa é a ironia perigosa em condenar alguém por sua mente fechada espiritual, declarando-os menos evoluídos, inteligentes ou sinceros que você. Você se esquece de sua própria bagunça.

Sempre me senti estranhamente encorajado pelo mandamento de Jesus de amar meus inimigos — porque significa que eu posso ter inimigos! Está implícita nessa instrução a percepção de que eu não tenho que concordar, gostar ou me dar bem com todos. Significa que eu posso reconhecer as pessoas como adversárias para mim e até mesmo confrontá-las quando nossos valores diferirem — eu só tenho que manter minha alma e não perder minha religião sempre que eu o fizer. No capítulo 7 de Mateus, quando Jesus adverte a aqueles de nós que aspiram a segui-lo nos caminhos da compaixão e da equidade para não julgar os outros, a menos que estejamos dispostos a ser julgados pelo mesmo padrão, ele não está dizendo para não denunciarmos injustiça ou não ir contra a malevolência no mundo. Ele não está nos forçando a uma falsa harmonia com quem ou o que consideremos prejudicial. Ele não está pedindo que maneiremos nossa linguagem ou comprometamos nossas convicções, de forma alguma. Ele *está* se certificando de que nunca nos imaginemos como únicos dotados de virtudes ou imunes à imoralidade; que nutramos ao extremo a humildade em relação a nós mesmos e a misericórdia com todos os outros. A maioria de nós não gosta de fazer isso, porque a presunção é uma droga muito intoxicante e vicia fácil. Acredite, porque eu tenho tentado me livrar dela há um longo tempo — e isso pode ser difícil, quando você está certo com a mesma frequência que eu. (Estou mais ou menos brincando.)

Eu sei por que creio no que creio. Eu levo a minha fé a sério e tenho estudado, refletido, rezado, aprendido e me cuidado, no meu caminho até a perspectiva que tenho, e imagino que você também. O maior desafio que enfrentamos em amar o mundo todo (não apenas as pessoas que gostamos) está em acreditar que as pessoas de quem discordamos alcançaram seu sistema de crenças atual com a mesma reflexão e oração que fizemos. Parte de não ser um idiota em questões de crenças é não presumir que, apenas porque as conclusões de alguém não se alinham com as nossas, sua jornada é menos válida, sincera ou significativa. Por exemplo, eu acredito que Jesus é o que muitos cristãos professos chamariam, com alguma ironia, de *guerreiro da justiça social*: que ele se envolveu com regularidade na ruptura do sistema de maneiras tangíveis, atendendo às necessidades, curando feridas e trabalhando para tornar as comunidades, em que ele viveu, mais igualitárias. Acredito que, se tentarmos ter um cristianismo sem justiça social, suprimiríamos o belo e pulsante coração de Jesus e ficaríamos apenas com um cadáver, sem vida, de religião cerimonial para arrastar por todo lado. Acredito que "justiça" é o que Jesus estava fazendo, pregando e exigindo daqueles que o seguiriam; e essa justiça foi justamente o que fez com que os poderosos o quisessem morto. Eu também sei que muitas pessoas de fé, dedicadas e sinceras, acreditam que isso é uma distorção liberal imprudente, que nos distrai da verdadeira razão pela qual Jesus veio: ajudar as pessoas a evitar o inferno. Elas acreditam que meu foco na justiça social e no distanciamento do gerenciamento do pecado é uma traição herética e seletiva do evangelho, que está condenando as almas em meu rastro — e acho que a preocupação delas com a eternidade as impede de enxergar as necessidades das pessoas ao seu redor. Elas acham minha fixação por este mundo tão equivocada quanto acho a obsessão delas pelo próximo. Elas acham que a fé se trata de salvar as pessoas do tormento eterno; eu priorizo, com mais frequência, ajudá-las a escapar do inferno que é aqui. Não preciso concordar com essas pessoas ou conquistá-las, mas é melhor eu ter certeza de não ver a religião delas como inferior à minha — e a maioria de nós faz isso todos os dias sem perceber.

Se você hoje faz parte de uma comunidade religiosa, já parou para pensar por que está lá? Pode haver várias razões: história familiar, relacionamentos significativos, programa infantil, sermões do ministro, música, proximidade, um ministério que se conecta com seu coração — e, por fim, até certo ponto, você está lá porque acha que eles entendem algo sobre Deus. Você tem alguma afinidade com o que eles imaginam, falam e perpetuam sobre a fonte de todas as coisas, ou talvez não estivesse lá; você acha que eles têm mais razão do que outras comunidades pelas quais você passou no caminho para lá. Durante anos, eu pensei que um dos meus principais trabalhos como pastor era fazer as pessoas comprarem a *caixa de Deus* da nossa igreja, e tudo dentro dela (o que, é claro, foi cuidadosamente organizado por mim e por nossos funcionários), convencendo-as de que nossa caixa, em particular, era melhor do que qualquer outra que elas encontraram. Claro, era um relacionamento pessoal com Jesus por meio do poder ilimitado do Espírito Santo — mas um Deus intangível precisa de uma casa física e, até certo ponto, construímos a melhor. Dissemos a nós mesmos que o amor era o ímpeto (e era, é claro), mas também havia uma boa quantidade de arrogância subconsciente ao imaginar que deciframos um código que, até hoje na história humana, escapou dos esforços anteriores de todas as outras igrejas. Há uma epidemia de arrogância muito sutil.

Durante muito tempo, jamais me ocorreu o quão estranho era que, a menos de um quilômetro quadrado de nós, dezenas de comunidades religiosas, de todas as tradições e variedades, estivessem atuando sob a mesma premissa falha e competitiva que nós estávamos; todos tentávamos descobrir como atrair a atenção das mesmas pessoas de todas aquelas outras caixas de Deus para nosso modelo, com certeza, superior. Até a mais pura das igrejas sente as mesmas pressões para crescer numericamente, ganhar porção de mercado, mais compradores — todas as igrejas em que ministrei sentem. No entanto, é difícil ver isso de dentro. Assim como a maioria dos ministros e líderes leigos, estávamos trabalhando mais duro para fazer o bem no mundo e atender às muitas demandas de nosso tempo e conhecimento — conseguir um segundo para parar, respirar e adquirir alguma perspectiva não era uma opção. No meio do lançamento de ministérios, planejamento de eventos e pôr traseiros nos assentos, era quase impossível interromper a velocidade e a quantidade de atividades de nossos calendários cheios e agendas sobrecarregadas para nos reunirmos com outras igrejas

(muito menos comunidades fora de nossa denominação, tradição ou visão de mundo) a
fim de comparar nossas caixas para Deus; a
fim de pensar em todas as nossas doutrinas,
posições e métodos, nossas diferenças e idiossincrasias; a fim de se beneficiar da sabedoria
específica compartilhada um com o outro. Se
tivéssemos, imaginei que teríamos saído com
uma compreensão mais ampla da escala e do
escopo do amor que nos mantêm. Isso não teria
origem, necessariamente, de nossos pontos de
acordo, mas de nossas inúmeras incongruên-
cias também. Se as comunidades investissem

DESISTIR DE
ESTAR CERTO

POSSIBILIDADE
DE CONEXÃO
COM QUEM
DISCORDA

em compaixão colaborativa com mais frequência, poderiam até
admitir que existem verdades sobre Deus que estão fora do que
elas imaginaram, ou do que se sentiam confortáveis anteriormente.

Não muito tempo atrás, eu liderava uma sessão de perguntas e
respostas após uma apresentação que fiz na parte rural da Geórgia,
para um minúsculo e apaixonado ponto azul da humanidade, que
existe em uma comunidade vermelha MAGA (Make America Great
Again). O modesto santuário da igreja, com vigas de madeira, estava
transbordando de cristãos progressistas, ativistas LGBTQ locais,
membros de grupos políticos dos Democratas e uma saudável pita-
da de humanistas, ex-cristãos e duas pessoas decepcionadas que,
erroneamente, pensaram que veriam Jon Lovitz. Uma mulher de
sessenta e poucos anos, vestida com uma jaqueta jeans estampada
com dezenas de remendos e bótons, uma espécie de túnica liberal de
muitas cores, pegou o microfone. Embora sua voz tenha começado
a ficar instável e quase inaudível, logo se transformou num rugido
poderoso e estrondoso. "Às vezes", ela gritou, ganhando impulso,
"você só tem que dizer: 'o certo é o certo e o errado, o errado', e

temos o certo do nosso lado. Precisamos parar de pedir desculpas e deixá-los lidar com isso, porque a bondade importa!". Aplausos irromperam e felicitações encheram o santuário como foguetes nas cores do arco-íris. O rosto da mulher permaneceu inalterado em sua intensidade, enquanto a adulação daqueles estranhos a invadia. Ela acreditava no que dizia e não o fez para receber elogios ou ser parabenizada. Ela estava, simplesmente, expondo seu coração sangrando e expressando a exasperação reprimida de décadas de luta pela bondade em um lugar onde sempre parecia em desvantagem numérica. Ela era alguém que se importava, que era dedicada, e foi levada ao limite.

Jamais havia visto aquela mulher, embora, examinando rapidamente a variedade de slogans e chavões que adornavam sua jaqueta, percebi que ela e eu concordávamos em muitas questões, e meu primeiro instinto foi um caloroso "amém", que acabei lhe dando — mas, quando o último dos aplausos cessou, eu parei e disse: "Tudo isso parece ótimo. Defender o que é certo quando está do seu lado, e *acredito* que estamos do lado certo da história no trabalho de compaixão, igualdade e diversidade. Eu *acredito* que o cristianismo MAGA entendeu Jesus quase inteiramente errado e esse movimento tem pouca semelhança com ele." Continuei: "Mas agora, em algum lugar do outro lado da cidade, em uma cidade próxima ou em outro estado, há um Mundo Bizarro de cabeça para baixo que se contrapõe a este; com pessoas que acreditam no oposto de quase tudo que acreditamos, usando bótons muito diferentes nas jaquetas, com afiliações políticas, perspectivas políticas e escolhas de mídia antiéticas — e com um pastor muito diferente de mim em um palco, diante deles." Continuei, sorrindo para a mulher próxima a mim: "E alguém naquela reunião pegou o microfone e gritou as mesmas palavras que você diria, com a mesma convicção de estar do lado certo da história e de defender a moralidade contra o mal, e uma multidão de pessoas ali reunida, que também tinha certeza que tem Jesus do seu lado, aplaudiu com paixão sua declaração." Parei e perguntei: "Estamos, também, em perigo de nos tornarmos superconfiantes, mas errados? Porque, com certeza, decidimos que eles estão."

Talvez seja por isso que, por mais que realmente me chateie o quão presunçosos são os discípulos fanáticos em cafeterias, os pregadores da condenação e os parentes que apontam o dedo acusatório em minha vida, sempre tenho um pequeno reservatório de compaixão — porque reconheço um pouco de mim neles. É assim que as convicções moral e religiosa tendem a funcionar. Ninguém acredita que está compreendendo errado. Todos estão certos de que sua causa é justa, seus motivos são puros e seu caráter, irrepreensível. Cada um de nós tem uma história que conta a nós mesmos, e passamos a vida inteira criando uma defesa ferrenha para ela. A maioria das pessoas não investe, de forma voluntária, suas vidas (e suas vidas após a morte) em um erro e, como resultado, todos pensam que seu Deus é o melhor, ou escolheriam um diferente. Muitas pessoas religiosas pensam que estão amando o próximo, mesmo que o próximo tenha dúvidas quanto a isso, e a maioria de nós se imagina como alguém que viraria mesas, ao passo que ao presidi-las poderíamos, então, dar uma reviravolta. Talvez devêssemos verificar nossas auréolas e nossos egos na porta de entrada.

Capítulo 18

O EVANGELHO SEGUNDO VOCÊ

É raro que eu receba correspondência não solicitada, escrita à mão, entregue em minha casa por pessoas que não conheço — e, quando recebo, muitas vezes é um manifesto rabiscado descontroladamente, cheio de palavrões e erros de ortografia, detalhando a gravidade do inferno para onde estou indo, e a velocidade com que irei para lá, no momento em que der meu último suspiro deste lado (finalizado, é claro, com a garantia condescendente de que minha alma condenada ao sofrimento está recebendo orações fervorosas, assim como desejam o meu arrependimento imediato). No entanto, em uma tarde de outubro de 2018, parei em frente à nossa caixa de correio, abri um pequeno envelope creme e logo reconheci, nas páginas sem pauta feitas à mão, uma escrita cursiva quase mecanizada e precisa, que eu suspeitava ser de uma pessoa mais velha (como tal caligrafia é uma arte que está desaparecendo na maioria das pessoas mais jovens do que eu). Era de uma mulher chamada Margaret. Ela havia lido um artigo que eu publicara recentemente, sobre o inexplicável alinhamento do cristianismo evangélico com o governo Trump, e queria compartilhar sua história comigo.

Conforme eu ia, de forma lenta, decifrando as finas linhas caligráficas e comecei a entender o que elas estavam desenterrando do passado, minhas mãos começaram a tremer. Agora com 90 anos, Margaret nasceu na Holanda e viveu boa parte de sua infância sob o regime de Hitler. Seu pai foi um prisioneiro político, que foi sequestrado e torturado por dez meses antes de morrer no campo de concentração de Dachau. Inspirei profundamente e continuei a leitura. Ela disse que estava me escrevendo porque viu uma história dolorosa pela qual viveu, sofreu e lutou pessoalmente, agora parecendo se repetir nos EUA sob o presidente da época, e ficou apavorada. "A linguagem desumana que ele usa, a violência que incentiva e o ódio aberto de seus seguidores trazem memórias perturbadoras que nunca quis reviver, com iconografia e retórica idênticas", escreveu ela. "E a pior parte disso tudo é que, mais uma vez, esse movimento é de pessoas que se dizem cristãs — e, mais uma vez, eu não compreendo."

Margaret me perguntou como uma coisa dessas poderia acontecer quase cem anos após o trauma que ela e muitos milhões suportaram, como pessoas que dizem amar Jesus podem se distanciar de novo do coração de sua missão original. Tenho certeza de que Margaret falava de maneira retórica e, na verdade, não estava esperando uma resposta; o que era ótimo, porque eu não poderia lhe fornecer uma, ao menos uma que fosse digna de sua história. Eu não podia, nem posso, explicar intelectualmente como muitas pessoas podem entender Deus tão errado e por que Ele permite que tantos entendam *ele/ela/elu* errado, sem enviar algum chamariz adequado e tornar clara sua própria essência como Deus.

Margaret me pediu para "continuar trabalhando por um cristianismo que se assemelha a Jesus" e isso tem sido algo pelo qual me esforço todos os dias. Esse, dentre inúmeros momentos da minha jornada, aprimorou minha teologia, informou minha escrita e alimentou meu ativismo. Não sugerirei que você precise concordar com Margaret ou com minha avaliação do recente movimento teocrático na América estar ecoando os horrores da história, mas pedirei que olhe para o mundo com novos olhos e decida onde falta amor

SUA EXPERIÊNCIA ESPECÍFICA DE DEUS

UM TESTEMUNHO E RECURSO PARA OUTROS

individual e sistemicamente — e se convide para essa vaga, porque você está em posição e preparado para preenchê-la; e porque, se você se considera uma pessoa de fé, moralidade ou consciência, esse é o propósito de estar aqui no planeta. Não somos forçados a fazer essas coisas, mas temos oportunidade de escolher ser agentes de cura e restauração, no lugar e no tempo em que nos encontramos, e entre as pessoas com quem compartilhamos espaço. Podemos deixar uma marca.

Uma década atrás, eu estava em uma reunião com a equipe da igreja quando a nossa pastora de crianças, Sharon, compartilhou os limites do ministério, os quais ela havia alcançado na denominação em que cresceu, porque eles não a ordenaram oficialmente como pastora. Quando os outros na sala responderam balançando suas cabeças em descrença, Sharon sorriu, bateu palmas e disse: "Não preciso ser ordenada, eu sou ungida!" Ela sabia que sua jornada, sua experiência, seus estudos e seu ministério falavam por si, e ela acreditava que tinha recebido tudo o que precisava de Deus — e estava certa. Não lhe faltava nada que alguém pudesse lhe dar, nenhuma credencial que viesse de um lugar mais alto do que ela já tinha ouvido falar. As pessoas podem preferir essas coisas para afirmá-la, mas Deus não as exige. Ela tinha tanto quanto qualquer um dos discípulos de Jesus: um testemunho e uma voz. Aposto que você também.

Quando eu digo a palavra *evangelista,* acho que você imagina um pastor de megaigreja de TV, de fala mansa, um pastor de púlpito que fala da condenação, um pregador de rua empunhando um megafone, ou talvez um ancião religioso de cabelos brancos — mas, a menos que você esteja no ministério, estou disposto a apostar que não pensa na pessoa olhando para você no espelho do banheiro todas as manhãs. No entanto, você deveria. A palavra *evangelista* significa "aquele que traz as boas novas", e está intimamente ligada à palavra *evangelho,* se referindo às boas novas que um evangelista traz — então, no que concerne à religião, a Bíblia nos diz que a mensagem e os mensageiros estão conectados de forma íntima e inexorável.

É assim para o que quer que você e eu e sejamos apaixonados, não é? Sempre brinquei que, além de ser pastor, também sou evangelista de alimentos. Há poucas coisas que amo mais do que dirigir por um lugar onde nunca estive, tropeçar em alguma churrascaria à beira da estrada, uma trattoria escondida na rua lateral ou um food truck aleatório, sentindo como se eu tivesse descoberto sozinho — e, em seguida, indo às redes sociais para testemunhar publicamente a glória deste país das maravilhas gastronômicas antes desconhecidas, na esperança de converter os não iniciados. (Afinal, eu escrevi um livro chamado *A Bigger Table.*) Esses sermões fritos, cobertos de chocolate e com gordura de porco são alguns de meus melhores e mais persuasivos. A música sempre foi uma fonte semelhante de proselitismo apaixonado. Quando adolescente, minha linguagem fluente do amor eram os mix em fitas cassete, que eu montava para meus colegas de classe ou para minha crush de forma meticulosa. Nos próximos anos, passaram a ser em forma de CDs gravados em casa, que eu distribuía no meu dormitório da faculdade; e, hoje, a virtude se manifesta no ato muito menos romântico, mas muito menos demorado, de compartilhar clipes do YouTube na minha linha do tempo — tudo em um esforço para transformar, com glória, a vida de outro ser humano com três acordes e a verdade, da maneira que a minha tinha sido.

Todos pregamos algo que sabemos ser verdade porque vivemos aquilo. Dezenas ou talvez centenas de vezes ao dia, você compartilha em voz alta e de forma explícita o evangelho do seu time favorito, um restaurante local que encontrou, a academia onde malhou, um programa de perda de peso que adorou, um novo programa que está transmitindo, uma banda que viu na última noite. Na verdade, todo o seu perfil na rede social pode ser descrito como "O Evangelho Segundo Você". É toda a beleza, a verdade e o significado que você encontrou e considerou que valia a pena compartilhar com a humanidade ao seu redor. Ninguém tem a amálgama específica de informações que você tem, e é por isto que as pessoas se conectam com você nas redes sociais, ligam para você quando estão sofrendo, contam com você como amigo, compartilham a vida com você: porque não podem *achá-lo* em outro lugar. Isso também ocorre com questões espirituais.

Você é o melhor especialista do mundo em sua experiência com Deus. Você é o único que pode contar essa história da forma como a conta — e é por isso que ler este livro é importante, assim como o que você fará a respeito. Você já pensou nas diferenças entre você e seu pastor? Posso dizer, por experiência, que são pouquíssimas: talvez alguns anos de seminário, uma vaga de estacionamento reservada em uma igreja, uma biografia de um site e um grupo de pessoas que se senta e o ouve uma hora por semana devido a essas outras coisas. Além disso, você é idêntico no que tem acesso, de que é feito e pode oferecer ao mundo. Os autores das quatro biografias de Jesus na Bíblia, atribuídas a homens chamados Mateus, Marcos, Lucas e João, tinham três pontos em comum: seus encontros pessoais com

Deus, seus relatos exclusivos das interações entre a humanidade e o Divino, e sua disposição de contar a alguém. Você também tem essas coisas. Claro, você pode não ter acompanhado um Jesus em carne e osso andando em um campo, desfrutando uma refeição nas colinas ou indo a um casamento carente de vinho — mas você tem acesso ao mesmo Deus que eles e foi feito pelo mesmo Criador que eles. Os apóstolos dizem que o mesmo Espírito em Jesus está com você.[1]

A Igreja Unida de Cristo há muito usa o slogan *Deus Ainda Está Falando*, e isso é apenas parte da história. Se Deus é Deus, não apenas está falando, mas é capaz de falar para nós, e por meio de cada um de nós, de formas que são bem específicas e completamente sem precedentes. É uma bela oração para refletir sobre as boas novas que está trazendo para as pessoas que encontra nesta vida, que tipo de evangelho você tem pregado. Não precisa ser uma ideia abertamente religiosa ou ter uma inclinação teológica para isso. As perguntas mais elementares são: o que as outras pessoas estão experimentando quando suas vidas se cruzam com a minha? Qual é o efeito real da minha existência no mundo? É mais ou menos amoroso, compassivo e gentil do que quando cheguei? É preciso muito pouco para inclinar a balança.

Meus colegas da turnê Vote no Bem Comum e eu estávamos exaustos. Finalmente tínhamos chegado ao estacionamento da pequena igreja, na cidade fronteiriça do Texas, onde estaríamos hospedados naquela noite, mas aquela sexta-feira tinha sido o fim de uma longa semana. Nosso velho e desgastado ônibus de turismo havia serpenteado por centenas de quilômetros monótonos e desinteressantes — e, após um problema mecânico (e vários emocionais), estávamos prontos para um descanso e uma boa refeição, fora dos limites apertados da "sala de estar", de dois por três metros, da cabana onde tínhamos passado os últimos dias — e a forte tempestade lá fora estava adiando nossos planos. A chuva atingiu o telhado com tanta força que tínhamos que gritar para sermos ouvidos e, depois de ficarmos sentados lá dentro por vinte minutos, esperando, decidimos fazer uma corrida louca para o prédio. Era apenas alguns metros, mas, quando chegamos à porta dos fundos da igreja, sem indícios que a identificassem, tocamos a campainha como doidos e fomos rapidamente conduzidos para dentro. Estávamos bem encharcados, com todas as nossas roupas secas ainda nas malas no ônibus. O pastor começou a fazer um breve tour pelo santuário onde realizaríamos um evento no dia seguinte, então olhou para o relógio e interrompeu-se de súbito, dizendo: "Oh, está quase na hora!" Nesse ponto, as dezenas de voluntários ao nosso redor começaram a zumbir com atividade acelerada, como se de repente mudassem para uma marcha alta.

Chegamos em uma noite especial. Nas últimas semanas, toda sexta-feira a igreja abrigava famílias latinas que haviam sido liberadas da custódia da Immigration and Customs Enforcement (ICE), oferecendo comida caseira e um lugar para descansar, tomar banho, receber cuidados médicos básicos e lavar as roupas antes da próxima etapa de suas jornadas incertas. Um momento após a declaração do pastor, uma sirene soou e alguém na porta gritou: "Eles estão aqui!" Todos nós corremos para fora na chuva e formamos uma fila de recepção improvisada, segurando guarda-chuvas como um dossel improvisado sobre os convidados, que desceram devagar de seu ônibus muito mais modesto e entraram na igreja. Eles pareciam cansados: não do tipo que pensamos estar quando chegamos, mas um real, debilitante; exaustos até a medula. Comecei a me sentir culpado por pensar que havia tido um dia longo ou uma jornada desconfortável.

Os membros do nosso grupo foram convidados a servir como anfitriões da mesa no jantar, com vários dos convidados recém-chegados sentados ao nosso lado. Nossa única instrução era fazê-los se sentir bem-vindos e confortáveis. "Muito fácil!", ingenuamente pensei comigo. Logo, um jovem chamado Hector e sua filha de 6 anos, Angelina, foram levados à mesa. Parei, sorri e gesticulei para sentarem-se próximos a mim. Aproximadamente 15 segundos após este momento, comecei a repreender, em silêncio, meu eu mais jovem por não prestar mais atenção nos dois anos de espanhol que tive no ensino médio e dos quais agora não conseguia me lembrar nada além das palavras para banheiro e amigo (que não seriam fáceis de serem colocadas em uma frase adequada). Pude ver minha velha professora, senhora DeStefano, balançando a cabeça para mim em frente à minha turma do nono ano, e comecei a sentir o suor na testa, pois, na ausência de palavras em espanhol, tomei a decisão inexplicável de falar palavras em inglês — só que devagar e mais alto. (O que, é claro, não foi útil.) Hector pareceu simpático ao meu desconforto e apreciou meus esforços. Em resposta ao seu sorriso doce e compreensivo, algo de repente mudou em mim. Olhei para ele de pai para pai e imediatamente parei de me preocupar em entretê-lo ou "ajudá-lo"; e percebi que, dado o inferno que eles passaram, eu não precisava fazer nada além de ser uma presença gentil e acolhedora, uma vez que tiveram tão poucas gentilezas, recentemente. Esse se tornou meu único propósito. De alguma forma, consegui construir algumas frases estranhas, dizendo a Hector o quão bela Angelina era, e desenhei um tigre no jogo americano em frente a ela. Ela sorriu surpresa com o grande felino que se materializou diante dela, e eu fiquei feliz por ter descoberto uma maneira de me conectar com ela. (Pelo menos minhas aulas de arte valeram a pena.)

Rimos, gesticulamos e fizemos a conversa funcionar da melhor maneira possível entre nós, cada um conhecendo o coração do outro. Mostrei fotos de minha filha no celular para Angelina. Ela disse que era bonita. Foi um momento muito agradável, ainda melhor quando um dos voluntários da igreja, falante de língua espanhola, se sentou conosco e começou a traduzir, e pudemos compartilhar um pouco mais de nossas histórias na mesa. Conforme conversávamos, percebi que havia muitas coisas em comum entre Hector e eu. Ambos tínhamos um trabalho que amávamos e do qual nos orgulhávamos muito. Tínhamos uma fé que nos estruturava e sustentava. Éramos pais orgulhosos, com filhas incríveis, que nos davam uma alegria impensável. Tínhamos sonhos, planos e esperança em relação a elas, e faríamos de tudo para torná-los realidade. A única diferença era que havíamos nascido em lugares diferentes, com tons de pele diferentes e, por causa disso, nossas histórias divergiram muito — e, por

AS DIFERENÇAS E DESIGUALDADES QUE VEMOS

NOSSO CONVITE PESSOAL PARA MUDAR

mais pontos em comum que encontrássemos ali naquela mesa, eu sabia que a manhã devolveria cada um de nós ao nosso "normal", o que seria muito mais fácil para mim do que para ele.

Meu coração se partiu por Hector e Angelina, em parte porque eu percebi que, aos olhos de muitos cristãos professos que eles encontraram em sua jornada, e que preenchem a nação que agora chamam de casa, eles não eram seres humanos reais. Eles não eram os belos "pequeninos irmãos" nos quais Jesus diz habitar e a quem nos chama a amá-los como afirmamos amá-lo. Para tantos que ocupam púlpitos e cargos políticos, eles eram o material de estereótipos racistas e sermões inflamados, os bichos-papões sem rosto da mídia partidária, material barato de memes para pretensos construtores de muros. Mas eu estava perto o suficiente para ver os vincos ao redor dos olhos de Hector e a covinha na bochecha esquerda de Angelina, e desejei que as pessoas menos amorosas em seu caminho conhecessem os seres humanos do outro lado das histórias ruins que eles têm.

Por poucas horas, Hector, Angelina e eu tivemos que ser Jesus uns para os outros. Precisávamos estar próximos e sermos capazes de mostrar a cada um a beleza de ser visto e ouvido individualmente e pessoalmente cuidado — e mudamos as histórias de cada um. A verdade é que temos essa oportunidade centenas de vezes por dia, reconheçamos isso ou não. Eu não tinha pretensões de ser uma figura heroica, dignando-se a me inclinar e oferecer solidariedade a Hector e a sua filha. Eu era apenas um pai sentado em frente a outro pai, grato por compartilharmos espaço por um tempo.

Com frequência me pergunto se ele se lembra de mim. Espero que sim. Espero que tenha aparecido em sua história para lembrá-lo de que é amado. Isso é tudo que a fé vale para mim: aparecer e tentar ser uma presença que ajuda e traz esperança para as pessoas, amenizar sua luta e fazer com que elas se sintam reconhecidas. Pessoas que afirmam amar a Jesus tornaram a estrada de Hector e Angelina muito mais dolorosa, estressante e difícil, e isso não está certo para mim. Eu sei que isso não agrada a Jesus. Eu também não acho que agrade você. E, se não agrada, então teremos que trabalhar para garantir que façamos certo a única coisa que não podemos errar, porque é o único antídoto para tudo o que nos aflige. Amigo, se você aspira a ser alguém que perpetua a maior bondade neste mundo, por mais difícil, confuso e custoso que seja, que possamos perseguir a elusiva, difícil, mas tão amorosa, obra de Deus *simplesmente não sendo um idiota*. Pelo amor de Deus, e pelos seres humanos feridos, exaustos e assustados ao nosso redor, se realizarmos apenas uma coisa com nossos dias restantes, que seja amar uns aos outros.

GUIA DE DISCUSSÃO

Capítulo 1: Deus Fora da Caixa

1. Você consegue pensar em uma época específica em que sentiu uma tensão entre sua antiga religião e a crença atual? Qual foi a causa?

2. O autor fala sobre querer uma fé que nos torne seres melhores. Por que isso parece sempre tão difícil? Por que, muitas vezes, a religião desperta o pior nas pessoas?

3. Você consegue se identificar com os sentimentos de liberdade de Tiffany, quando sua fé mudou e as dificuldades apareceram? O que lhe ancora nos momentos ruins e nas circunstâncias dolorosas?

4. O autor descreve um "momento sagrado" na praia. Onde, fora de um ambiente especificamente religioso, você experimentou um encontro espiritual?

Capítulo 2: Histórias de Ninar Assustadoras

1. Quais são algumas de suas primeiras memórias de Deus? Como a sua infância estruturou sua espiritualidade adulta?

2. Quando pensa no caráter de Deus, quais são algumas das imagens, ou traços, que vêm à sua mente?

3. O autor fala sobre o medo, predominante em grande parte da religião organizada. Onde você vê isso manifestado, em você e nos outros?

4. Por que é difícil rezar pelo "pão nosso de cada dia"? Como o medo torna o presente mais difícil de desfrutar ou suportar? Fale sobre o equilíbrio entre sentimentos de escassez e um Deus que provê.

Capítulo 3: A M*rda Nunca É Resolvida

1. O autor descreve a ilusão da certeza, que pode ser problemática para pessoas religiosas. Onde você experimentou essa intolerância?

2. O pastor do Missouri tentava manter sua comunidade intacta, enquanto se engajava com ousadia em questões de justiça. Isso é possível? Como as comunidades espirituais equilibram servir aqueles que já estão lá e apoiar pessoas vulneráveis que não estão?

3. Você já teve a síndrome do impostor em relação às suas crenças religiosas? Quando você teve a tentação de se sentir inferior aos outros?

4. Como você harmoniza o mistério envolvido na espiritualidade? Quão confortável está em não saber? E quão confortável com isso você acha que a maioria das pessoas religiosas está?

Capítulo 4: Não Serás um Idiota

1. O autor fala de todos "jogando lesionados". Como isso muda a forma como você se move no mundo, vê a si mesmo e as pessoas com quem discorda? Como isso deveria mudar as comunidades espirituais?

2. A história de Terry destaca a experiência de muitas pessoas que encontram seres humanos cruéis pregando um Deus de amor e, como resultado, fogem da religião. Que conselho você daria a pessoas como ele?

3. Você já experimentou a pressão dos colegas para acreditar, professar ou afirmar algo a fim de continuar fazendo parte de uma comunidade espiritual? É difícil expressar dúvidas ou divergências em sua comunidade?

4. Pense ou escreva uma declaração intitulada No Que Acredito, sendo o mais honesto possível e evitando palavras e chavões religiosos conhecidos.

Capítulo 5: O Cara Prevalece

1. Muitos cristãos foram criados com uma imagem masculina de Deus. Se é o seu caso, isso já foi uma fonte de tensão para você? Quando sentiu um conflito, se já teve um, com essa ideia pela primeira vez?

2. Se você conseguir fazer a transição para uma identidade mais ampla de Deus, como fez isso? O que foi útil para você desaprender a velha história?

3. O autor fala sobre "personificar Deus." Quais nomes, papéis, títulos para Deus você usa como padrão em seu pensamento? Como você acha que isso estrutura seus sentimentos sobre si mesmo? (Por exemplo: se Deus é pai ou mãe, você é um filho. Se Deus é um amigo, você é um amigo.)

4. Quais os seus pensamentos sobre a ideia de Deus ser não binário e transcender gênero? É um conceito difícil de adotar?

Capítulo 6: Made in America

1. Por que tantos cristãos fundem Deus a seu país? Quais são as causas da religião nacionalista?

2. Sabendo o que você sabe sobre a vida e os ensinamentos de Jesus, como são ou não compatíveis com o Sonho Americano? Com a democracia? Com o capitalismo?

3. O autor alega que a Igreja dos EUA é, com frequência, a última entidade a abraçar a mudança social. Você concorda? Se sim, por quê? O que precisa mudar?

4. Como pessoas de fé podem evitar uma história que favorece sua nação? Isso é possível? Como os cristãos americanos podem evitar o nacionalismo?

Capítulo 7: Ah, Não, Que Inferno!

1. Você concorda ou discorda com a declaração do autor de que a existência do inferno parece "incompatível com o caráter de um Deus cuja característica definidora é o amor"?

2. Como você acha que suas ideias e imagens da vida após a morte estruturam seu envolvimento com ela? O que você acha que acontece após seu último suspiro?

3. A mulher no parque de cães conta uma história cristã familiar de "merecer o inferno", mas ser resgatada por Deus. Qual é a sua opinião sobre essa perspectiva? Essa já foi a sua história? Ainda é? Se não, o que mudou?

4. A ideia de inferno é facilmente usada como arma contra outras pessoas. Como pessoas de fé se tornam confiantes em condenar os outros?

Capítulo 8: Deixe-os Comer o Bolo

1. Por que a expulsão e a rejeição são comuns em pessoas que afirmam ter fé em Jesus? Por que não vemos a "teologia da atração" sobre a qual o autor escreve?

2. Você já evoluiu na sua teologia sobre sexualidade? Se sim, o que o levou à mudança e como isso lhe modificou?

3. Jesus falou pouquíssimo sobre identidade de gênero e orientação sexual, e muito sobre ajudar as pessoas vulneráveis. Por que você acha que tantos cristãos invertem esse equilíbrio, quando se trata de seu envolvimento com o mundo?

4. Como você responderia aos cristãos que usam a justificativa "ame o pecador, odeie o pecado" em seu tratamento com os LGBTQ?

Capítulo 9: Deus à Nossa Imagem

1. É possível evitar uma imagem de Deus que se pareça conosco? Se sim, como?

2. O autor fala sobre perspectivas pelas quais vemos o mundo. Como você pode ter certeza de que está vendo o mundo, intencionalmente, através de um par de olhos diferentes? Quais são algumas das maneiras práticas de aprender histórias adicionais ou ajustar suas próprias perspectivas?

3. Você tende a ver Jesus mais como um pastor ou ativista, como cuidador pessoal ou desafiando o sistema? Como você pode se beneficiar ao se inclinar para outro aspecto de Jesus além daquele que você normalmente adota?

4. Você pode pensar ou falar sobre um momento em que conseguiu uma história melhor sobre alguém e reformulou as perspectivas através das quais vê o mundo?

Capítulo 10: Bom Livro, Martelo Ruim

1. Quais são os seus pensamentos sobre as frases "crente na Bíblia" e "Deus bíblico"? Como você entende e se envolve com a Bíblia?

2. Que imagem, versículo, história ou ideia da Bíblia é particularmente difícil para você reconciliar com sua fé?

3. Você concorda com o autor que a maioria dos cristãos que usam a Bíblia como arma, na verdade, nunca a leram?

4. Alguém pode evitar escolher a dedo algo nas Escrituras? Se não, como encontramos um senso moral comum?

Capítulo 11: GodFundMe

1. Você acha que Deus causa ou permite desastres naturais, epidemias e atos de violência para ensinar às pessoas? Fale sobre as consequências de sua resposta.

2. Alguém já tentou interpretar espiritualmente circunstâncias difíceis ou dolorosas para você? Foi útil?

3. O autor fala a respeito de seus sentimentos conflitantes sobre orar pela cura. Como você entende a oração intercessora?

4. A frase "tudo acontece por um motivo" é comum quando se tenta entender tragédias. Você concorda ou discorda dessa ideia, e por quê?

Capítulo 12: Trabalho Interno

1. O autor fala sobre as ameaças da Igreja, vindas de cristãos. Você concorda ou discorda dessa avaliação?

2. Como você pondera os méritos de ficar em uma comunidade de fé e mudá-la com os benefícios de deixá-la, para viver de forma mais autêntica?

3. Se você já se considerou cristão, mas não se considera mais, o que começou essa mudança?

4. O que você acredita ser o maior equívoco sobre os cristãos?

Capítulo 13: Um Movimento Semi-pró-vida

1. Você evoluiu na questão do aborto? E como sua fé estruturou essa mudança?

2. Você concorda com o autor quando diz que vários cristãos, que se afirmam enquanto pró-vida, ignoram muito da humanidade após o nascimento, porque isso é um ativismo muito mais caro? Por quê?

3. Onde você vê cristãos pró-vida não praticando uma teologia "pró-humanidade"?

4. Qual é o maior obstáculo ao desenvolvimento de uma ética pró-vida consistente?

Capítulo 14: Santa Ferocidade

1. Como você reconcilia raiva e espiritualidade? Como elas podem ser compatíveis ou incompatíveis?

2. Os "filtros de raiva" de Aristóteles são úteis para nos desacelerar e nos tornar mais autoconscientes. Quando você tem mais dificuldade em desacelerar e olhar para sua raiva?

3. Você consegue pensar em um momento no qual a maneira como estava expressando suas crenças espirituais e convicções morais foi descrita por alguém como "raiva"?

4. O que lhe deixa com raiva, do ponto de vista da espiritualidade? Quando você sente aquela "santa ferocidade" que o autor descreveu?

Capítulo 15: Ame Seu Próximo, Droga!

1. O autor fala sobre a influência do nosso "pacote de privilégios". Como você acha que o seu estruturou sua espiritualidade, sua moralidade ou simplesmente a forma como você vê o mundo?

2. Quais males sistêmicos você vê a Igreja falhar mais em resolver? Quais ela aborda bem?

3. Você acha que seria capaz de convidar pessoas com visões divergentes para um relacionamento constante, do jeito que Susan faz? Que tipo de pessoas seria mais difícil de convidar?

4. O autor descreve o quão difícil foi superar o olhar para trás e perceber seu "conjunto de suposições sobre o mundo", o quanto ele defendeu uma história que ele queria que fosse verdadeira, mesmo que não fosse. Você pode pensar em uma verdade difícil que você teve que aceitar e como isso alterou sua teologia ou expressão dela?

Capítulo 16: A Igreja Não Ser Horrível

1. Se você fundasse a Igreja Não Ser Horrível, no que ela se diferenciaria das demais? Por onde você começaria?

2. O autor falou sobre as melhores comunidades espirituais serem "comunidades de recuperação", onde as pessoas podem falhar, cair, curar e serem honestas com suas lutas. O que impede que mais igrejas incorporem essa aspiração?

3. O pertencimento é uma grande parte de se sentir amado. Onde você experimentou essa sensação de "encontrar-se", a qual o autor escreve?

4. Você acredita que uma igreja local ou comunidade presencial seja necessária para alguém em uma jornada espiritual?

Capítulo 17: Arrogância e Moralidade

1. Você já pensou sobre a natureza competitiva das comunidades de fé, dentro e fora de sua tradição de fé? Como você acha que isso impacta negativamente essas congregações específicas e o mundo fora delas?

2. Onde você notou um sentimento de superioridade rastejando em sua espiritualidade? Como você despreza as outras pessoas pelo que elas acreditam ou não?

3. Como você pode encontrar uma maneira de se envolver em "compaixão colaborativa" com um grupo de pessoas ou uma comunidade cujas crenças são diferentes das suas?

4. Você consegue pensar em alguém que é modelo de humildade em suas crenças, quando se trata de envolver os outros?

Capítulo 18: O Evangelho Segundo Você

1. Como a ideia de um "Evangelho Segundo Você" o inspira, o encoraja ou o irrita?

2. Muitas vezes, é mais fácil "evangelizar" música, comida, filmes ou lugares do que nossas crenças espirituais. Por que isso acontece?

3. Pense em três momentos em que você se sentiu amado. Você consegue encontrar pontos em comum nessas experiências?

4. O mandamento de Jesus de amar a Deus, ao próximo e a si mesmo. Qual deles é o mais difícil para você?

AGRADECIMENTOS

Comecei a escrever este livro em fevereiro de 2020. Algumas semanas depois, o mundo virou de pernas pro ar. Tenho uma dívida eterna com aqueles que compartilharam sua jornada comigo, muitas vezes à distância; aqueles que me ajudaram a manter o equilíbrio, encontrar o caminho a seguir e manter o foco no amor.

À minha esposa, Jen, e aos meus filhos, Noah e Selah, por serem os melhores companheiros de viagem que qualquer um pode ser sortudo o suficiente para ter. Estou em casa com vocês.

Para a minha fantástica família: Mamãe e Papai, Brian, Eric, Michelle, Victor, Christopher, Beth e Abigail. Tenho a sorte de ter nascido entre vocês e ser conectado a vocês.

Às minhas famílias estendidas, tanto de sangue quanto por afinidade. Obrigado por seu amor, presença e bondade.

A toda a família WJK, por continuar sua jornada comigo. Seu entusiasmo e sua confiança são muito encorajadores. Gratidão extra-especial à minha inigualável editora, Jessica Miller Kelley. Este livro não teria acontecido sem você. Obrigado por me ajudar a dizer o que precisava ser dito e por dizer melhor do que eu teria dito.

Para minha constante e estelar agente literária, Sharon Pelletier, e toda a equipe da Dystel, Goderich & Bourret LLC, pela parceria nesta aventura desde o primeiro dia. Vocês são incríveis.

Para meus leitores e seguidores, por serem uma bela família postiça e uma inspiração diária para este livro.

Aos meus apoiadores no Patreon, por sua parceria financeira, emocional e espiritual. Vocês são inestimáveis em minha vida.

A todas as comunidades da igreja que servi, cada uma delas me ensinou e me desafiou de maneira profunda e transformadora.

A todos que já leram, comentaram ou compartilharam minhas palavras. É algo que nunca deixo de valorizar.

A todos aqueles que acreditam que o amor será a última e a mais forte palavra.

Comunidade do Patreon

Agradecimentos especiais a esses apoiadores no Patreon, por me ajudarem a continuar dizendo coisas que precisam ser ditas:

Alan Rajan Agarwal	Donna Conner
Carl Angoli	Blaine Cressman
Brittny Angwafo	Shelby Day
Rosemarie Auten	Mike DeFino
Terry Baxter	Kathleen Durning
Deborah A. Beal	Jonathan Drummond
Julie Beck	Rebecca M. Edwards
Judith Bessette, EdD	Erin Essenmacher
James Buckmaster	Michael A. Evans
Patrick e Shauna Burgess	Jenette Finch
Andre Chasse	Linda Finley
Carol Clayton	JoAnn Forsberg

Stacy Forte

Ann E. Garrett

Marianne Griebler

Grant Grissom

Susan Gutowsky

Suzi Herbert

Alan Heyman

Tommy Hickey

Karla Hollenbach

Linda D. Holy

Nicole Hopkins-Payne

Jimmy Janacek

Melanie Johnson

Pamela Little Johnson

Pamela Kampfer

Colleen Kane

Judy J. Kelly

Chris Knickerbocker

Debra Lambert

Katy Lightsey

Chris Lopez

Janice Lynn Luder

Susan Luhrs

Lydia Lee Martin

June McGraw

R. Mark Miedema

Walter Miller

Nancy R. Misner

Joni Mitchell

Elsie Mowins

Cindy Moy

Nanna Sally Nelson

Nysha Oren Nelson

Alex e Diana Nichols

Darla O'Connor

Vicki Palefsky

Valerie Peterson

Barbara Pfeiffer

Patrick Phillips

Steve Presley

Jeffrey Rathgeber

Kellie Rorrer

Carrie Rough

Landon Shultz

Vicki Stein

Laurie e Thomas Struck

Annette Tackett

David Tarrien

Gregory Tharp

James Townsend

Shawn Wakefield

Rod Wallace

Rev. Dr. Doe West

Bradley White

Jennifer Williams

Roy H. Williams

Jon e Anita Young

NOTAS

Introdução: Você Só Tinha um Trabalho a Fazer

1. Mateus 22:35–40.

2. Mateus 7:1–5 NVI.

3. *Matrix*, escrito e dirigido por L. Wachowski e L. Wachowski (Warner Bros., 1999).

4. Theodore Parker (1810–60), parafraseado em 1958 pelo Rev. Dr. Martin Luther King Jr., https://en.wikiquote.org/wiki/Theodore_Parker.

Capítulo 1: Deus Fora da Caixa

1. Efésios 3:18–19 NVI.

2. Marcos 2:21–22 NVI.

3. Mateus 5, Sermão da Montanha.

Capítulo 2: Histórias de Ninar Assustadoras

1. Quando eu usar o pronome masculino para Deus, será como usado por outros, não como uma designação de gênero que eu faço.

2. Lucas 3:10–11.

3. Atos 2:42–47.

4. Mateus 6:9–14.

5. Lucas 12:13–21.

6. Mateus 10:29–31.

7. 1 João 4:18.

Capítulo 3: A M*rda Nunca É Resolvida

1. Salmos 139:1–6.

2. Gênesis 32:22–28.

3. "Quantos Acidentes Automobilísticos nos EUA por Dia", *Amar Esq. PLLC* (blog), https://amaresq.com/blog/auto–accidents/how-many-car-accidents-per-day/.

4. Hebreus 11:1.

5. Mateus 5–7.

6. Marcos 4:35–41.

Capítulo 4: Não Serás um Idiota

1. Peter Lattman, "The Origins of Justice Stewart's 'I Know It When I See It'", *Wall Street Journal*, 27 de setembro de 2007, https://www.wsj.com/articles/BL-LB-4558.

2. Marcos 6:30–44.

3. João 8:7.

4. Mike Sager, "Tom Petty: What I've Learned", *Esquire,* 2 de outubro de 2017 (publicado originalmente em agosto de 2006), https://www.esquire.com/entertainment/music/a889/tom-petty-what-ive-learned-interview/.

5. Lucas 10:25–37.

6. Lucas 24:13–35.

Capítulo 5: O Cara Prevalece

1. *All in the Family*, "Archie's Helping Hand" (1974), https://www.imdb.com/title/tt0509829/characters/nm0005279.

2. John Mark McMillan, "How He Loves", Integrity's Hosana! Music, 2005.

3. Oséias 11:3–4; Deuteronômio 32:11–12; Isaías 42:14.

4. Mateus 7:21; Mateus 18:23–35; Mateus 25:14–30; Mateus 20:1–16; Mateus 21:28–32.

Capítulo 6: Made in America

1. Daniel Cox, "White Christians Side with Trump", *PRRI*, 9 de novembro de 2016, https://www.prri.org/spotlight/religion-vote-presidential-election-2004-2016/.

Capítulo 7: Ah, Não, Que Inferno!

1. Mateus 13:49–50.

2. Salmos 42:7.

Capítulo 8: Deixe-os Comer o Bolo

1. Masterpiece Cakeshop v. Colorado Civil Rights Commission (2018), https://www.supremecourt.gov/opinions/17pdf/16-111_j4el.pdf.

2. Brooke Sopelsa e Tim Fitzsimons, "Suit Filed against Christian School that Expelled Girl after Rainbow Birthday Photo", NBC News, 24 de janeiro de 2020, https://www.nbcnews.com/feature/nbc-out/suit-filed-against-christian-school-expelled-girl-after-rainbow-birthday-n1122001.

3. Mateus 7:1–5.

4. Mateus 9:35–38.

Capítulo 9: Deus à Nossa Imagem

1. Lucas 22:35–53.

2. Marcos 10:6–8.

3. João 8:2–11.

4. João 10:1–21.

5. Lucas 15:11–32.

Capítulo 10: Bom Livro, Martelo Ruim

1. Gênesis 3.

2. Gênesis 6.

3. Josué 6.

4. O Livro de Jó.

5. John Pavlovitz, "No, the Bible Doesn't Say that Being LGBTQ Is a Sin (Getting Honest about Sexuality and Scripture)", Vídeo do YouTube, 13 de maio de 2020, https://www.youtube.com/watch?v=cgXwKVYBgSI.

6. Levítico 20:9–10 NVI.

7. João 10:12.

Capítulo 11: GodFundMe

1. Ed Mazza, "Kirk Cameron: Hurricanes Are Sent by God for 'Humility, Awe and Repentance'", *HuffPost*, 8 de setembro de 2017, https://www.huffpost.com/entry/kirk-cameron-hurricanes_n_59b22199e4b0dfaafcf6d9a4.

2. *Crimes e Pecados*, escrito e dirigido por Woody Allen (Orion Pictures, 1989).

3. Lucas 18:1–8; Marcos 2:1–12.

Capítulo 13: Um Movimento Semi-pró-vida

1. Aaron Rupar, "Trump Turns Shooting Migrants into a Punchline at Florida Rally", *Vox*, 9 de maio de 2019, https://www.vox.com/2019/5/9/18538124/trump-panama-city-beach-rally-shooting-migrants.

Capítulo 14: Santa Ferocidade

1. Gálatas 5:22–23.

2. Mateus 5:21–22.

3. Aristóteles, *Ética a Nicômaco*, Internal Classics Library, http://classics.mit.edu/Aristotle/nicomachaen.mb.txt.

4. João 2:13–17; Mateus 23; Mateus 25:35; Marcos 15:1–15.

5. Theodore Parker, parafraseado em 1958 pelo Rev. Dr. Martin Luther King Jr., https://en.wikiquote.org/wiki/Theodore_Parker.

6. Lucas 4:16–21.

7. Lucas 1:52–53.

Capítulo 15: Ame Seu Próximo, Droga!

1. Scrooge é renovado no Dia de Natal em *Um Conto de Natal* (1843).

2. Mateus 7:15–17.

3. Mateus 5:46.

Capítulo 16: A Igreja Não Ser Horrível

1. *Isto É Spinal Tap*, dirigido por Rob Reiner, escrito por Christopher Guest, Michael McKean, Harry Shearer e Rob Reiner (Santa Monica, CA: Metro Goldwyn Mayer Home Entertainment, 1984).

2. Mateus 13:33.

3. Beit T'Shuvah, https://beittshuvah.org/.

4. Mateus 21:31–32.

Capítulo 18: O Evangelho Segundo Você

1. Romanos 8:1–17.

ÍNDICE

Projetos corporativos e edições personalizadas
dentro da sua estratégia de negócio. Já pensou nisso?

Coordenação de Eventos
Viviane Paiva
viviane@altabooks.com.br

Contato Comercial
vendas.corporativas@altabooks.com.br

A Alta Books tem criado experiências incríveis no meio corporativo. Com a crescente implementação da educação corporativa nas empresas, o livro entra como uma importante fonte de conhecimento. Com atendimento personalizado, conseguimos identificar as principais necessidades, e criar uma seleção de livros que podem ser utilizados de diversas maneiras, como por exemplo, para fortalecer relacionamento com suas equipes/ seus clientes. Você já utilizou o livro para alguma ação estratégica na sua empresa?

Entre em contato com nosso time para entender melhor as possibilidades de personalização e incentivo ao desenvolvimento pessoal e profissional.

PUBLIQUE SEU LIVRO

Publique seu livro com a Alta Books.
Para mais informações envie um e-mail para: autoria@altabooks.com.br

 /altabooks /alta-books /altabooks /altabooks